KB089217

사주보는 방법론

自由心爲師
不依他爲師
群山聖興寺 松月

자평 명리학의 통변 기법이다

사주보는 방법론

송월스님 述

핵심을 찾아라!
운명의 운행인 법칙을 발견하리라

 관음출판사

【 머릿글 】

 생년 월 일 시의 사주팔자(四柱八字)란 '사람이 태어나는 순간의 천지의 기운이 어떠한가'를 60갑자로 시간을 표시하여 그 사람의 성품이 맑고 탁하고 순수하고 잡됨을 나타내어 보여주는 것이요.
 이것을 체계적으로 응용을 통하여 이야기하는 것이 음양오행(陰陽五行)의 운명 철학으로써 사주추명학(四柱推命學)이다.

 이번에 내 놓은 "사주보는 방법론"은 실전에서 긴 세월 얻어진 경험과 선배제현(先輩諸賢)들의 소중한 문헌과 자료를 통하여 무엇보다 음양오행의 원리에 근거를 두고, 많은 실전 자료로서 폭넓은 통변에 대한 핵심 의미를 살리는 데 힘을 기울였다. 특히 격용신과 육신에 대한 설명을 중요하게 다루고 여러번 기술하였다.

 그리고 사주를 보는데 가장 놓치기 쉽고 가장 필요로 하는 부분에서 알기 쉽게 요점을 간추려 보았다.

특히 십신과 육친 관계에서 고정화된 통변에서 벗어나 사주의 본의를 살려보려고 한 취지이다.

그리고 신살(神殺)은 식탁에 오르는 음식 속에 양념과도 같다. 그래서 적당히 활용하는 것은 바람직하나, 신살에 너무 치우쳐 의지하면 명리학자로서 본의(本義)를 잃게 된다.

비록 천박 지식으로 부족한 허물이 못내 부끄럽게 생각하는 바이나 음양오행과 십신에 대한 통변을 깊이 탐구하는데 어두운 긴 터널에서 조금이라도 실마리를 찾는데 빛이 되어 줄 것으로 믿는 바이며, 선배제위(先輩諸位)와 강호제현(江湖諸賢)의 아낌없는 채찍을 바라는 마음 간절할 뿐이다.

신축(2021) 여름
군산성흥사 祥舒窟에서 松月스님 述

【 차례 】

自通其心為師
不依他為師
群山聖興寺
松月

자평 명리학의 통변 기법이다

사주보는 방법론

十干字意物象

甲乙 木

춘(春)-생(生). 동(東). 청(靑). 풍(風). 인(仁). 노(怒). 간(肝). 담(膽). 산(酸). 눈. 눈물. 누린내. 생노병사(生老病死). 살아있다. 동정(動靜). 탄생재생. 윤회(輪回).

丙丁 火

하(夏)-장(長). 남(南). 적(赤). 서(署). 례(禮). 희(喜). 심(心). 소장(小腸). 고(苦). 혀. 땀. 탄내. 안이비설신의(眼耳鼻舌身意). 형체 없다. 열광(熱光). 희생. 봉사. 명암(明暗).

戊己 土

사계(四季). 중(中). 황(黃). 습(濕). 신(信). 사(思).

비(脾). 위(胃). 감(甘). 입. 군침. 향내. 건습(濕乾).
공간(空間). 받아드린다. 고저(高低). 연결. 공감. 유
무(有無).

庚辛 金

추(秋)-수(收). 서(西). 백(白). 조(燥). 의(義). 우
(憂). 폐(肺). 대장(大腸). 신(辛). 코. 콧물. 비린내.
태란습화(胎卵濕化). 단단하다. 강유(剛柔). 결실. 수
렴. 보전(保傳).

壬癸 水.

동(冬)-장(藏). 북(北). 흑(黑). 한(寒). 지(智). 공
(恐). 신(腎). 방광(膀胱). 함(鹹). 귀. 가래. 썩은내.
불생불멸(不生不滅). 흐른다. 심천(深淺). 냉온(冷
溫). 멈춤. 감춤. 액(液). 기(氣). 고(固).

甲象= 우뢰. 나무. 동량. 전봇대. 두목. 신위(神位).
공문(公門). 머리. 눈썹. 팔다리. 신경. 너그
럽고. 고귀하고. 곧다. 비견(比肩).

乙象= 바람. 꽃. 식물. 과일. 공원. 직물. 수작업. 목.
척추. 손. 발목. 손발가락. 두발. 경맥. 부드러

움. 굽다. 겁재(劫財).

丙象= 태양. 빛. 광선. 제왕. 권력. 소식. 화려. 극장.
문장. 서화. 얼굴. 눈동자. 대뇌. 혈압. 어깨.
화냄. 연설(多言). 큰것. 식신(食神).

丁象= 별. 열. 등불. 레이저. 광선. 전자. 문명. 문장.
서적. 신문. 눈동자. 혈관. 우아함. 생각많음.
신비. 지혜. 작은 것. 상관(傷官).

戊象= 노을. 대지. 산. 정부. 건축. 부동산. 사원. 골
동품. 옛 것. 코. 피부. 살. 질병. 딱딱함. 노련
함. 느림보. 후중. 사각형. 편재(偏財).

己象= 구름. 전원. 집. 정원. 농업. 토목. 건재. 오염
된 것. 얼룩반점. 피부. 췌장. 함축. 신중함. 의
심. 평평한 것. 정재(正財).

庚象= 달. 우박. 광물. 무기. 기계. 제조업. 군대. 경찰.
큰 길. 의원. 뼈. 치아. 목소리. 위엄. 폭력. 혁
명. 마름모꼴. 편관(偏官).

辛象= 서리. 보석. 옥그릇. 장식물. 악기. 칼. 금융.
의약. 법률. 호흡기. 목. 콧구멍. 귓바퀴. 근육
과 뼈. 민첩. 치밀한 것. 정관(正官).

壬象= 바다. 액체. 해상. 항공. 무역. 석유. 물감. 목
욕탕. 입. 방광. 혈액. 순환기. 지혜와 꾀보. 규
칙없는 것. 편인(偏印).

癸象= 비. 기체. 눈. 샘물. 눈물. 지식업. 목욕업. 실
험. 지략. 눈동자. 골수. 뇌. 정액. 총명. 민첩.
매끄럽고 윤택한 것. 정인(正印).

子= 天貴

한(寒). 음핵. 미세하다. 야행성. 비밀사. 민첩. 교육적. 정신적. 유흥. 애정사. 더듬는다. 앞 발가락은 4개, 뒷 발가락은 5개다.

丑= 天厄

빙(氷). 팽창작용. 반복. 저축. 인내. 육체노동. 되새김질. 느리다. 들이받는다. 조상의 환경. 영향받음. 발굽이 2개다.

寅= 天權

생명인. 태양의. 역동성. 직진성. 어슬렁 거린다. 건축물. 설계. 교육. 기획. 비행기. 전기. 전자. 항공.

통신. 발가락이 5개다.

卯= 天破

발정. 어린 것. 깡충깡충. 유치한 상태. 섬유. 의류. 기획. 계획. 장식. 인테리어. 조경. 건축. 발가락이 4개다.

辰= 天奸

五陽. 백화만발. 화려. 사거리. 사회적. 종합성. 천문지리. 종교 철학. 백화점. 과거. 아픈 일 숨김. 발가락이 5개다.

巳= 天文

양기 오르고. 음기 간직. 화려한 문명성. 뱀 독성. 공격성. 발 없이 빠르다. 항공. 통신. 총. 금융. 공직. 자동차. 전기 전자. 문제해결사. 법적 문제. 휘두름. 혀가 2개다.

午= 天福

양기 극성. 음기 싹튼다. 역마-일복. 눕지 않음. 만인부양. 압수수색. 언론방송. 명랑 쾌활. 말은 쥐구멍 없다. 발톱이 9개다.

未= 天驛

변화 많다. 성장 멈춤. 뜯들인다. 인간관계 장애. 신체적 결함. 성공의 부실. 반복성의 기술. 전문직. 밤장사. 발톱이 2개다.

申= 天孤

생명체. 응고. 초능력. 프로의 조건. 특별한 재능. 총기. 법무. 세무. 의료장비. 금융. 방송 언론. 항공. 조선. 자동차. 발가락이 5개다.

酉= 天刃

생명의 결실. 서리. 세균 잡는다. 군경. 의사. 정확. 치밀. 정밀. 분배. 보석 가공. 숙성된 것. 발가락이 4개다.

戌= 天才

태양이 숨어 지킴. 신통력. 이중적. 반복 고통. 특수행정. 특수성 기술. 금융. 공장. 목욕. 숙박. 유흥. 스포츠. 발가락이 5개다.

亥= 天壽

잡아 당기는 괴력. 해외일 잡식. 자기 것 먼저 챙긴다. 양육. 미생물. 배양. 양식. 보육원. 조경 사업. 염색. 고

물상. 발가락이 2개다.

寅卯辰 木 = 소년기의 에너지. 밖으로 발산. 표현 잘한다. 창작. 기획. 디자인. 더디다. 기르는 행위.

巳午未 火 = 청년기의 에너지. 불기운처럼 펼쳐진다. 통신언론. 교육. 광고. 유통. 확장번창. 명예. 역마. 항공. 해운. 무역. 건설. 통신. 외교.

申酉戌 金 = 중장년기의 에너지. 냉혹. 단단. 굳는다. 실속중심. 결실. 세상살이 무기: 법무. 금융. 공직. 권력.

亥子丑 水 = 노년기의 에너지. 저장. 우울. 춥고 어두우며 감춘다. 종교. 철학. 교육. 학문 연구중심.

十二神殺

12地 神殺

(꼭 암기 하세요: 생년띠 또는 생일지지로 써 본다)

12지살은 생년의 지지를 기준하여 생월 생일 생시에 어느 살이 해당하는 가를 찾아보고, 또는 생일의 지지를 기준하여 생년 생월 생시의 지지에 어느 살이 해당하는 가를 본다.

매년 신수를 볼 때에도 같은 방법으로 적용해서 어느 살이 해당하는 지를 보는 것이다.

겁 재 천 지 년 월 망신 장성 반안 역마 육해 화개
劫-災-天-地-年-月-亡身-將星-攀鞍-驛馬-六害-華蓋

申子辰 띠 생은 **巳**에서 **겁**살을 시작하여 순행으로 짚

어 간다.

巳酉丑 띠 생은 **寅**에서 **겁**살을 시작하여 순행으로 짚어 간다.

寅午戌 띠 생은 **亥**에서 **겁**살을 시작하여 순행으로 짚어 간다.

亥卯未 띠 생은 **申**에서 **겁**살을 시작하여 순행으로 짚어 간다.

劫. 겁살

역모 주동자. 대권. 겁탈소모. 철거. 무허가. 재능가. 횡발. 동토. 사심. 겁탈 손재. 외부에서 잃음. 테러. 아부. 사고. 수리할 방향.

災. 재살

역모 동조자. 형살(形殺). 사건. 사고. 囚. 감금 납치. 입원. 교통사고. 실물. 의료도구. 좌천. 주인 등 뒤쪽. 급전 급처리 방위.

天. 천살

제왕. 염라대왕. 천벌. 천재지변. 탈법사고. 신체장애. 급사망. 신장출입. 출입문, 복이 나감 흉운. 무위도식. 파계. 하극상. 주술쓰는 방. 이사 갈 방위.

地. 지살

외무장관. 선전 광고. 자동차. 무역. 해외. 객지생활. 객사. 영혼 장난. 간판 거울 두는 현관문.

年. 도화살

상궁. 시녀. 외방자식. 수완. 멋쟁이. 궂은 일 처리. 공돈 팁. 취업지연. 탈의실. 청소할 곳. 화장대 옷장방위.

月. 월살

내당 마님. 고독 우울. 알부자. 엄살. 용두사미. 배고픈 조상. 묘지나 종교분쟁. 운세교차 길조 .활인성. 학과 합격 방위. 침실. 생활필수품 놓는 방위.

亡. 망신살

왕족형제. 내부 반란. 관부살(官符殺). 술수. 숨은 실력. 실수입. 상속. 시한부성공. 주색잡기. 망신. 사기. 폭력. 구설수. 허풍. 나쁜 일 숨기는 방위.

將. 장성

내무장관. 충신. 지도자. 경영자. 명예. 납품. 연료 보관실. 장독대. 부엌. 베란다. 담장 쌓는 방위. 출입문 폐쇄 방위.

攀. 반안

내시. 불임살. 조상덕. 귀인. 금의환향. 출세. 사업망함. 기사회생. 몸 살리는 음식. 비밀처리. 재살흥. 몸보호물. 접견실. 년살대박. 범죄 가출 방위. 머리 두고 자는 방위. 금고 보관 방위.

驛. 역마

문관부장관. 해외 통신. 관광. 무역. 유통. 운송. 선전. 자가용. 시말서 씀. 지출 많음. 답답한 운세. 주차장. 차고. 접수처. 서류첩 완구류 두는 방위.

六. 육해살

현장감독. 저승사자. 심부름꾼. 운전사. 작은 문. 센스 빠름. 잔꾀 경솔. 좌천. 적자. 신병. 집안망함. 단순 가출. 하수구. 임시물건 보관 방위.

華. 화개

수행자. 참모. 고문관. 학자. 종교예술. 문학. 선대 죄값 치룸. 번복. 묵은 일발생. 육친 이별. 화개살 띠 고독. 교육관. 서제. 골동품 작품실 방위.

十二運星
(일명 포태(胞胎)법)

1. 십이운성(十二運星)이란

12운이란 십천간(十天干)의 기(氣)인 기운이 지지에 유행(流行) 작용하는 에너지의 강약의 흐름인 운행을 보는 것이다.

한서온냉(寒.暑.溫.冷)한 기(氣)가 춘하추동과 아침 낮 저녁 밤의 사시(四時)중에 두루 유행하나 그 차이가 있는 것은 생왕묘절(生.旺.墓.絕)등으로 구별한다.

응용하는 법은, 음과 양의 간지 오행으로 표시한다. 먼저 일간이 양간이냐 음간이냐에 따라서 양일간은 순행하고, 음일간은 역행을 하는 것이다.

12운성 활용은 먼저 일간이 지지에 만나는 기(氣)를 얻는가의 여부를 년. 월. 일. 시. 4支 중에서 찾아보는 것을 주로 하는 것이다.

첫째는 4지(四支)에 만나는 것은 일주가 어떤 상태에 있느냐를 알기 위함이다. 다음은 용신, 희신, 기신 등에서 월지를 먼저 보고, 또한 다른 삼지(三支)에 인종(引從)하는 12운성의 강약이 어디에 해당하는가를 살펴야 한다.

일간의 강약은 일간이 용신에 임하여 능히 용신을 부릴 수 있느냐 없느냐의 분도계(分度計) 측정하는 역할을 한다.

둘째는 용신, 희신, 기신 등 각자의 왕 약에 따라 드러나는 좋고 나쁨의 크고 작음의 경(輕)중(重)을 알려는 것이다.

셋째는 통변이 있는가 만나는가에 따라 강약을 예측하고, 사물의 형편을 알려는 것이 간명의 원칙이다. 어떠한 운명학자는 12운성으로 운명의 좋고 나쁨을 다 보아 판단하는 것으로 이야기하는데 그것은 아니고 한 일부분에 불과할 뿐이다.

넷째는 12운성을 행운에 응용하는 방법이다. 먼저 십신의 음양 구분이 없이 본다.

비.식.재.관.인(比食財官印) 즉 비겁은 나의 능력 관계를, 식상은 나의 재능 관계를, 재성은 나의 경제 관계를, 관살은 나의 직업 관계를, 인성은 나의 명예 관계 등 여부를 육신의 통변성을 기준하여 행운에서의 寅卯辰, 巳午未, 申酉戌 亥子丑의 12지지에 대입하여 그 시기의 운세의 에너지인 기(氣)의 흐름을 척도해 보는 방법이다.

가령 생.대.관.왕(生帶冠旺)지로 흐르는 운은 최고 왕성한 기운이고, 쇠.병.태.양(衰病胎養)으로 흐르는 운은 보통 기운이고, 사.묘.절.욕(死墓絕浴)지로 흐르는 운은 아주 약한 기운이 된다.

이 12운성 법은 숙달해서 일간을 비롯하여 오행 및 십간을 적용해서 자유자재로 응용할 줄 알아야 한다. 고수들의 반열에 들어가는 비법이다.

간단하고 효과적인 응용방법 한 가지를 예를 들어 본다.

癸 丁 乙 癸 곤명
卯 酉 丑 亥

52 42 32 22 12 2
辛 庚 己 戊 丁 丙
未 午 巳 辰 卯 寅

　이 방법은 감정할 때 명심할 것은 일간을 기준하여
사주에 육신이 있든 없든 무조건 정재. 정관. 식신. 정
인만 찾아 정하여서 응용한다.
　어느 대운을 보고자 할 때, 반드시 정재의 오행을 기
준하고, 식신의 오행을 기준하고, 정인의 오행을 기준
하고, 정관의 오행을 기준하여 대운 지지에다 각 12운
성을 붙여 보는 방법이다.

　본 사주는 丁火 일간이다.
　丁火 일간을 기준하여 **正財**는 **庚金**이다(재물사정)
　丁火 일간을 기준하여 **正官**은 **壬水**이다(남편사정)
　丁火 일간을 기준하여 **正印**은 **甲木**이다(부모사정)
　丁火 일간을 기준하여 **食神**은 **己土**이다(자녀사정)

　이 명조는 37세에서 '사(巳)대운'이였다. 이때 남편
과 이별하였으나, 음식으로 큰돈을 벌었다. 원인은 이
사주의 庚金은 정재에 해당하고, 이 정재는 巳대운에
서 12운성의 장생(長生)이며, 정관인 壬水 남편은 巳

대운에 절(絕)지에 해당하므로, 정재는 생(生)지를 만나서 힘을 얻어 재산이 들어오고, 정관인 남편은 절(絕)지라서 힘을 잃어 이별하게 된 것이다. 그리고 식신인 己土 자녀는 욕(浴)지에 들어 부침이 많아서 방황을 하였으며, 정인인 甲木 부모는 병(病)지에 들어 어머니가 병액으로 시달렸다.

이 명조는 42세에는 모친이 사망하고, 己酉년 16세에 부친을 잃었다. 계미년 42세에는 정인인 甲木 어머니가 대운의 庚金에게 극(剋)하였으며, 16세운에서는 卯木 대운에서 편재가 절(絕)지에 해당한다. 그리고 47세에 재혼을 하였다. 일간인 丁火가 午 대운에 건록인 12운성의 관(冠)이 된다. 여자는 건록운에서 결혼을 많이 한다. 사주 일지를 기준하여 午 대운은 12지살로 도화살(桃花殺)이 되기도 한다. 그래서인지 음식장사를 하며 술 한 잔 나누다가 남자와 사귀였다.

2. 십이운성(十二運星) 뽑는 법

-장생-욕-대-관-왕-쇠-병-사-묘-절-태-양-
-長生-欲-帶-冠-旺-衰-病-死-墓-絕-胎-養-

*12운성의 도표. 수장도(手掌圖)인 손바닥을 활용하면 쉽다.

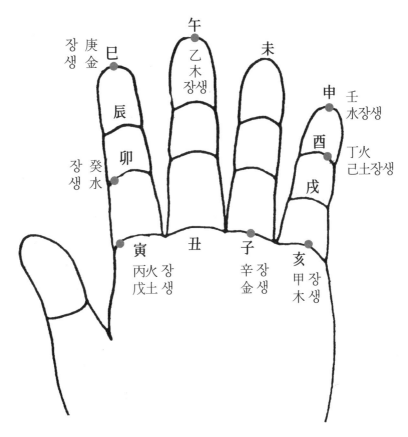

장생을 찾는 수장도

巳	午	未	申
壬庚戊丙甲 絕生冠病 癸辛己丁乙 胎死旺欲	壬庚戊丙甲 胎欲旺死 癸辛己丁乙 絕病冠生	壬庚戊丙甲 養帶衰墓 癸辛己丁乙 墓衰帶養	壬庚戊丙甲 生冠病絕 癸辛己丁乙 死旺欲胎
辰 壬庚戊丙甲 墓養帶衰 癸辛己丁乙 養墓衰冠	陰陽順逆生　旺死絕之圖		**酉** 壬庚戊丙甲 欲旺死胎 癸辛己丁乙 病冠生絕
卯 壬庚戊丙甲 死胎欲旺 癸辛己丁乙 生絕病冠			**戌** 壬庚戊丙甲 帶衰墓養 癸辛己丁乙 衰帶養墓
寅	丑	子	亥
壬庚戊丙甲 病絕生冠 癸辛己丁乙 欲胎死旺	壬庚戊丙甲 衰墓養帶 癸辛己丁乙 帶養墓衰	壬庚戊丙甲 旺死胎欲 癸辛己丁乙 冠生絕病	壬庚戊丙甲 冠病絕生 癸辛己丁乙 旺欲胎死

음양순역생왕사절지도(陰陽順逆生旺死絕之圖)

갑(甲) 일간은 해(亥)궁에서
　　　장생(長生)을 **시작**하여 **순행**하여 **순서대로**
　　　짚어간다.

을(乙) 일간은 오(午)궁에서
　　　장생(長生)을 **시작**하여 **역행**하여 **순서대로**
　　　짚어간다.

병무(丙.戊)일간은 인(寅)궁에서
　　　장생(長生)을 **시작**하여 **순행**하여 **순서대로**
　　　짚어간다.

정기(丁.己)일간은 유(酉)궁에서
　　　장생(長生)을 **시작**하여 **역행**하여 **순서대로**
　　　짚어간다.

경(庚)일간은 사(巳)궁에서
　　　장생(長生)을 **시작**하여 **순행**하여 **순서대로**
　　　짚어간다.

신(辛)일간은 자(子)궁에서
　　　장생(長生)을 **시작**하여 **역행**하여 **순서대로**
　　　짚어간다.

임(壬)일간은 신(申)궁에서
　　　장생(長生)을 **시작**하여 **순행**하여 **순서대로**
　　　짚어간다.

계(癸)일간은 묘(卯)궁에서

장생(長生)을 **시작**하여 **역행**하여 **순서대로** 짚어간다.

3. 십이운성과 십이지살의 관계

絕. 劫殺

교육. 작가. 철학. 종교인. 학자. 연구가. 사색가. 정치가. 영웅. 재능가. 역모 주동자. 청소대행. 횡재 횡발. 사심. 겁탈소모. 철거. 무허가. 밤길 비단옷. 사고 테러 압수. 외부에서 잃음. 수리할 방향. 철거방위.

胎. 災殺

병원. 산부인과. 아동보호사. 화원. 가축병원. 교도소. 경찰서. 칼듬. 역모 동조자. 의료도구. 경쟁 승리. 횡재. 囚. 감금 납치. 입원. 권고사직. 주인 등 뒤쪽. 요양. 급전. 급처리방위.

養. 天殺

양로원. 탁아소. 요양소. 양육장. 사육장. 양어장. 식품. 제왕. 염라대왕. 신벌(神罰). 도끼. 승진. 시기상조. 복이 나감. 무위도식. 파계. 하극상. 절. 큰 대문. 이사 갈 방위. 주술 쓰는 방위.

生. 地殺

학. 개척 발명가. 특허. 입법자. 설립자. 새 상품. 중책. 운영자. 외무장관. 선전광고. 전 재산 투자. 자동차. 부모 두 분. 객사. 영혼장난. 현관문. 간판 거울 있는 곳.

浴. 年殺

예술. 연예인. 미용. 물 사업. 악사. 유흥업. 인터넷업종. 신종직업. 상궁. 시녀. 포로. 기쁨조. 벌거벗고 춤. 외방 자식. 수완. 구진 일처리. 공돈 팁. 적자중 횡재. 취업지연. 탈의실. 청소할 곳. 화장대 옷장 방위.

帶. 月殺

실업가. 관리. 군인. 비서. 경비업. 학자. 종교인. 내당 마님. 고독 우울. 엄살. 용두사미. 조석변화 흉. 알부자. 운세교차 길조. 화개동주 몰락. 숨은 귀인 부과 이익. 약손 활인. 학과 합격방위. 밀실 침실. 생활 필수품 놓는 방위.

冠. 亡身殺

공직자. 지휘관. 참모. 중견간부. 사무장. 왕족 형제. 내부 반란. 망신. 술수. 숨은 실력. 주색잡기. 성기. 실수입. 보상금. 시한부 성공. 저승사자 만남. 망신. 창고. 나쁜 일 숨기는 방위.

旺. 將星

군인. 의사. 법관. 도축업. 고기잡이. 재단사. 요리사. 이발사. 간호. 내무장관. 충신. 가장. 난재 해결. 명예. 납품. 연료 보관실. 장독대. 부엌. 베란다. 담장 쌓는 방위. 출입문 폐쇄 방위.

衰. 攀鞍

교원. 연구가. 발명가. 사체업자. 금융. 안정위주 업종. 내시. 비서. 사무장. 복록. 음식 몸 보호물. 사업 망함. 감초. 기사회생. 비밀처리. 접견실. 범죄 가출 방위. 머리 두고 자는 방위. 금고보관 방위.

病. 驛馬

작가. 교원. 철학. 연구 발명가. 참모. 기사. 운수업. 관광업. 해외 정보통신. 선전. 자가용. 시말서 씀. 지출 많음. 답답한 운세. 주차장. 차고. 접수처. 서류첩 완구류 두는 방위

死. 六害殺

학자. 연구. 발명가. 진리연구. 수행자. 저술. 문화 활동. 기획. 현장 감독. 수호신. 심부름꾼. 운전사. 작은 문. 센스 빠름. 잔꾀 경솔. 감봉 좌천. 위축 적자. 단순 가출. 우유부단. 하수구. 치료 급전융통방위. 임시물건 보관 방위.

墓. 華蓋

참모. 고문관. 학자. 종교. 학자. 수행자. 종교예술. 예술가. 장의사. 차고업. 은행원. 관리. 전당포. 골동품. 육친이별. 번복. 묵은 일 발생. 교육관. 서재. 작품 보관실 방위.

自己心為師
不依他為師

群山聖興寺　松月

십간의 진신과 흉신

십간의 진신과 흉신

  사주명리 음.양 오행학은 우주의 기후학이며 물상학이다. 그래서 사주는 가장 먼저 태어난 날인 일주의 천간과 태어난 그달의 계절을 먼저 살피고 네 기둥과 팔자의 음과 양, 각 오행의 상호 관계의 조화 여부를 살피는 것이다.

  십간의 진신(眞身)과 흉신(凶神)인 희기(喜.忌)는 타고난 날의 일천간을 기준해서 꼭 살펴야 한다. 십간의 추론은 오행의 희기를 넘어서까지 성패(成敗)를 가늠하는 고급 추명학술이다.

  예를 들면 무토(戊土)가 계수(癸水)운을 만나면 큰 산에 비만 내려서 화초만 무성하여 내실이 없는 것과 같으며, 임수를 만나면 저수지가 되어 좋지 않겠는가?

이렇게 진신으로 균형과 조화로 이루어진 명조는 고품격과 고품위가 갖추어진 팔자라서 비록 막노동을 하며 살지언정 인품과 운명은 고귀하다. 비록 한순간은 어려울지라도 반드시 잘 살아가는 명조이다.

*甲木 天干

甲木은 생명을 양생(養生)하는 우주의 생명 그 자체이다. 그래서 濕土와 태양이 있어야 생명체가 번식이 된다.

봄철의 木은 金을 두려워하고,
여름철의 木은 火를 두려워하고 水를 기뻐한다.
가을철의 木은 庚金과 丁火를 함께 제일 기뻐한다.
벽갑인화(劈甲引火)즉 庚金이 甲木을 쪼개어 丁火인 불을 지피는 조합을 제일로 삼으며 土를 그다지 기뻐하지는 않는다.

겨울철의 木은 水를 싫어하고 火를 기뻐한다.
만약에 壬水가 왕하면 부목(浮木)이 되고 癸水가 왕하면 부목(腐木)이 될 염려가 있으므로 戊土로써 구제를 해야 된다.

일단 甲木은 丙火 태양을 제일 기뻐하고 그리고 이상적인 근(根)이 辰土이다.

甲木은 辰土를 본 후에 水를 써야 한다. 그래서 甲木을 살리는 丙火와 戊土와 癸水가 진신(眞身)이 된다.

甲= 辰-丙-戊-癸는 진신(眞身)이다.
甲= 乙-辛은 흉신(凶神)이다.

甲= 乙은 겁재탈인(劫財奪印) 예민, 대들보 못 됨. 히스테리이다.

甲= 戊는 위산고목(禿山孤木) 높은 산에 고목, 안목 좁음. 고독이다.

甲= 辛은 목곤쇄편(木棍碎片) 칼에 긁힌 나무, 예민. 불평불만이다.

*乙木 天干

乙木은 끈질긴 생명력을 상징하고 사계절에 따른 아름다운 꽃과 같은 특성적인 성격을 지닌다.

乙木은 양지(陽支)를 기뻐한다. 따라서 寅을 기뻐하고 卯는 달가워하지 않는다.

乙木이 약하면 甲木을 제일 기뻐하고 강하면 金의 극보다 丙火로써 설기하는 것이 좋다.

특히 陽木을 극하는 것은 따끔한 회초리와 같고, 陰木을 설기하는 것은 위로하며 달래줌과 같다. 그래서 乙木은 살리는 丙火 甲木 辰土는 진신이 된다.

乙= 丙-甲-辰은 진신(眞身)이다.
乙= 丁-庚-辛-壬은 흉신(凶神)이다.

乙= 乙은 복음잡초(伏吟雜草) 끈질긴 삶, 질투. 잘난 척이다.
乙= 丁은 화소초원(火燒草原) 메마른 꽃나무, 神病. 가식적 사랑이다.
乙= 庚은 백호창광(白虎猖狂) 우박 맞은 꽃, 宿疾. 몰매 맞는다.
乙= 辛은 이정최화(利剪催花) 칼끝에 상함, 예민. 상처투성이다.

*丙火 天干

丙火가 근(根)이 없으면 활용하여 쓰기가 어렵다. 그 대신 丙火는 일단 지지에 통근을 하면 다른 오행을 쫓아가지 않는다.
丙火는 癸水를 두려워하나 丙火가 강하면 癸水를 두려워하지 않는다. 丙火를 살리는 진신은 甲木이 제일이고 壬水가 다음이다.

丙火는 木이 있어야 하고, 壬水를 만나면 태양의 빛이 호수에 반사되어 빛이나 아름답다. 이 때 己土는 꽝이다.

丙火가 먼지로 빛을 잃고 丁火에 의지하면 남자는 제비에 가깝고 여자는 꽃뱀에 가깝다. 丙火의 특성은 상담과 설득력의 별이다.

丙= 甲-壬-己는 진신(眞身).
丙= 丁-庚-癸는 흉신(凶神)

丙= 丙은 복음홍화(伏吟洪光) 눈뜬장님. 좌절. 질투. 영웅심이다.

丙= 丁은 양하등촉(陽火燈燭) 태양 앞에 등불. 속음. 치사하다.

丙= 庚은 형입태백(熒入太白) 구름에 가린 태양. 투기. 요령꾼이다.

丙= 癸은 흑운치일(黑雲遮日) 비오는 날. 노이로제. 헛발질이다.

＊ 丁火 天干

丁火는 수렴 희생정신이다. 丁火는 건조한 甲木을

만나면 도처춘풍(到處春風)이라 기뻐하며, 습한 乙木은 반기지 않으므로 乙木은 丙火와 함께 만나야 기쁘다.

丁火는 많은 木을 만나면 목다화식(木多火息)이라 자기 꾀에 빠지게 되고 감언이설에 휘말려 사기를 당한다.

丁火는 戊土로 인해 적당한 힘을 가지며, 甲木만 갖추고 있으면 절대 약해지지 않는다.

丁火는 甲木과 庚金을 함께 만나야 진신이다.

丁= 庚은 진신(眞身).
丁= 乙-己-辛-癸는 흉신(凶神)

丁= 乙은 건채렬화(乾柴烈火) 젖은 나무에 연기, 급사고. 좌절이다.

丁= 己은 성타구진(星墮句陳) 갈라진 논바닥, 사기꾼. 눈물세월이다.

丁= 辛은 소회주옥(燒燬珠玉) 보석훼손, 갈고리성격. 늘 망할 짓이다.

丁= 癸는 주작투강(朱雀投江) 바람 앞에 등불, 천박. 부정적이다.

* 戊土 天干

戊土는 세상에 중심축이다. 戊土는 산이라서 사계절에 따라서 영향이 크다. 계절의 향수를 중요시 한다. 戊土는 辰.戌.丑.未를 함께 만나야 큰 산으로 인정이 된다. 그리고 甲木을 만나야 쓸모 있는 땅이 되며, 癸水를 만나야 살아있는 땅이 된다. 그래서 戊土는 甲木과 丙火와 癸水가 진신이 된다.

戊= 甲-丙-癸는 진신(眞身).

戊= 己-庚-辛은 흉신(凶神)

戊= 戊는 복음준산(伏吟峻山) 첩첩산중, 고집. 고독. 일복이다.

戊= 己는 물이류취(物以類聚) 비탈진 전답, 빈대조심. 상처투성이다.

戊= 庚은 조전위학(助紂爲虐) 암벽 돌산, 시행착오. 미완성이다.

戊= 辛은 반은설기(反吟洩氣) 노다지 광산 캐려고, 자존심. 요행이다.

戊= 癸은 암석침충(巖石侵蝕) 비오는 산, 환상 쫓음. 삼천포행이다.

* 己土 天干

己土는 식물이 자라는 기름진 옥토이다. 己土가 적당한 햇빛이 있어야 한다. 그리고 적당한 비도 내려야 한다. 그러나 병화의 열로 인해 지열이 강해지면 癸水 비로써 열을 식혀줘야 한다.

丙火와 甲木과 辰 습토가 조합이 되면 진신이라 하여 평생 부귀를 누린다.

己= 丙-甲-辰 진신(眞身).

己= 庚-辛-壬 흉신(凶神)

己= 乙은 야생난생(野生亂生) 농로에 잡초, 관재. 시간낭비이다.

己= 丁은 주작입묘(朱雀入墓) 불난 밭, 깡패. 전문직. 말썽꾼이다.

己= 己는 복음연약(伏吟軟弱) 진흙땅, 송사. 독신. 고난의 길이다.

己= 庚은 전도형격(顚倒刑格) 논바닥의 바위, 반건달. 남들만 좋다.

己= 辛은 습옥오옥(濕玉汚玉) 길바닥 떨어진 보석, 수심가득이다.

己= 壬은 기토탁임(己土濁壬) 물 잠긴 농토, 異姓.

용두사미이다.

* 庚 金 天干

庚金은 숙살지기(肅殺之氣)인 개혁하는 신이다. 庚金이 강하면 두 가지의 대표적인 묘책인 용법이 있다. 壬水로써 설하거나, 丁火로써 제(制)함이 제일이다.

庚金의 귀(貴)함은 丁火로써 조율하는 반면, 癸水로써 庚金을 녹슬게 하여 실패 요인으로 작용하기 십상이다.

庚金은 甲木을 쉽게 극할 수 있으므로 봄철의 木은 庚金이 좋지 않다. 庚金은 甲木과 壬水가 진신이며, 水가 없는 나무는 부러진다.

庚= 甲-壬-丁 진신(眞身).
庚= 己-庚-辛-癸 흉신(凶神)

庚= 甲은 보궁최잔(伏宮摧殘) 나무 가지치기, 신규 개척이다.
庚= 乙은 백호창광(白虎猖狂) 도끼자루, 환경에 억매임이다.
庚= 丙은 태백입형(太白入熒) 빛나는 바위, 急死. 권력지향이다.

庚= 己는 관부형격(官府刑格) 논에 박힌 철탑, 남 좋은 일이다

庚= 庚은 양금쌍살(兩金相殺) 총부리, 깡패 주도권 싸움이다.

庚= 辛은 청추쇠옥(鐵鎚碎玉) 보석 팔아 고물매입, 헛짓거리이다.

庚= 癸는 보력이노(寶刀巳老) 녹슨 칼, 호사다마(好事多魔)이다.

* 辛 金 天干

辛金은 날카로운 칼날이며 가공된 보석이다. 辛金이 유(柔)의 부드러움과 화사로움을 火로써 지나치게 극제(剋制)를 하여 손상시키면 해롭다.

壬水로써 자연스럽게 설함이 아름답다. 신금은 壬水를 가장 기뻐하고 丙火의 밝은 빛도 기쁘나 己土의 진흙으로 더럽힘을 가장 싫어한다.

辛= 壬-丙 진신(眞身).

辛= 乙-己-丁-戊-庚-辛 흉신(凶神)

辛-甲은 월하송영(月下松影) 칼날 이빨나감, 돈 걱정 평생이다.

辛-乙은 이전최화(利剪催花) 내 손가락 자름, 주색과 사치이다.

辛-丁은 화소주옥(火燒珠玉) 새것을 헌 것 만듦, 꿈으로 상처 받는다.

辛-戊는 반음파상(反吟被傷) 산에 매몰된 보석, 믿는 도끼 발 찍힌다.

辛-己는 입옥자형(入獄自形) 진흙에 떨어진 보석, 사기 속음이다.

辛-庚은 백호출력(白虎出力) 보석에 흠집, 불행이 교만심이다.

辛-辛은 복음상극(伏吟相剋) 보석은 하나가 귀한데, 잘난 척이 병.

* 壬 水 天干

壬水는 생명을 움트게 하는 창조 기운의 신이라 한다. 그래서 壬일간으로 태어나면 입김, 입병, 임무인 세 가지 구도를 잘 다스려야 한다.

壬水가 강하면 다른 간지에 재앙을 준다. 壬水는 식상을 설기하나 丙火, 戊土의 상극을 받아도 약해지는 일은 없다. 壬水의 귀(貴)는 戊土로서 제방을 쌓아서 조율하며 己土 와의 조합은 언제나 최악의 현상을 보게 된다. 壬水의 재(財)는 丙火로써 조율한다.

壬水가 甲木이 없으면 생명체를 살려낼 임무인 할일이 없게 되어서 무용지물이 된다. 임수가 木을 만나면 머리가 비상해져 개발하는 아이디어가 떠오른다.

임수에게 甲木은 번식이며, 습토는 생명체를 기르는 땅이며, 丙화는 에너지며, 戊土는 물을 가두어주며, 庚金은 물길이 된다.

壬= 甲-丙-戊-庚 진신(眞身).
壬= 丁(등대)-己-壬 흉신(凶神)

壬= 己는 기토탁임(己土濁壬) 농토에 홍수, 고독. 독신이다.
壬= 壬은 양양대해(汪洋大海) 폭풍해일, 재물과 가정 풍파이다.

* 癸 水 天干

癸水는 생명의 원천수로서 하늘의 부적(符籍)의 신이라 하여 냉(冷)과 온(溫)이 민감하게 교차한다. 癸水는 丙火와 같이 다른 간지의 영향을 받지 않아 십간의 특별한 배합을 논하기가 어렵다.

癸水는 甲乙木이 없으면 할 일 없는 물이 된다. 그래서 무위도식(無爲徒食)을 하게 된다. 癸水일간이 뿌리가 없고 丙火가 없이 甲木만 투간을 하면 잔머리꾼이다.

癸水의 강함을 결정하는 것은 陽干의 속성과 유사하게 계절과 통근하는 함수에 있다. 癸水는 계절을 잘 보아야 하며, 癸水는 甲木과 丙火가 진신이다.

癸= 甲-丙 진신(眞身).
癸= 乙-丁-庚-壬-癸 흉신(凶神)

癸-乙은 이화춘우(梨花春雨) 풀잎에 이슬, 노년 불행이다.

癸-丁은 등사요교(螣蛇妖嬌) 불 꺼진 등불, 심장마비.구설이다.

癸-庚은 반음침호(反吟侵虎) 녹슨 철로, 부도. 가족 우환이다.

癸-壬은 충천분지(沖天奔地) 비에 강물범람, 남에게 일 망친다.

癸-癸는 복음천라(伏吟天羅) 밤중에 눈물, 돈과 사랑의 아픔이다.

신살(神殺)편

신살(神殺)편

1. 오행(五行)

木-암. 火-람. 金-밤. 水-함. 土-캄.

水輪關眞言: 나무 소로바야 다타아다야 다냐타
　　　　　옴 소로소로 바라소로 바라소로 사바하
*물이 부족할 때 수기운(水氣運)을 끌어 당겨 운용하는
주문이다.

火聚眞言: 옴 살바바바 수다살바 보다나하나 바아라
　　　　　야 사바하
* 불이 부족할 때 화기운(火氣運)을 끌어 당겨 운용하는
주문이다.

2. 오행과다폐해(五行過多弊害)

사주에 한 가지 오행이 많으면 운명에 나쁜 영향을 크게 끼친다.

木星: 안정과 대가가 있는 직업. 의욕. 설계. 계획.
　　　인(仁). 곡직(曲直). 측은지심(惻隱之心).
　　　노(怒). 산(酸)
　　　간(肝)-담-눈-풍(風-근육)

　　　不及: 신경쇠약. 의지 없고 겁이 많다.
　　　太過: 본심 숨김. 폭언. 심술. 속단. 좌절. 결백증.

火星: 규범과 산업. 문화직업. 탐구. 돌파력. 민첩.
　　　례(禮). 염상(炎上). 사양지심(辭讓之心).
　　　희(喜). 고(苦).
　　　심(心)-소장-열(熱)-혀

　　　不及: 신경질 허언과 무례하다.
　　　太過: 감정변화. 격발. 저돌적. 칭찬에 약함.

土星: 믿음과 신뢰 직업. 종교. 신용관리. 중개.

농수산. 신(信). 가색(稼穡).

회고지심(回顧之心). 사(思). 감(甘).

비(脾)-위-습(濕)-입

不及: 줏대 없고 의심. 인색하다.

太過: 꽉 막힌 외골수, 편굴 공상 순간 거짓말.

金星: 사회적 통치권력. 공무직업. 개혁. 소유경쟁.

의(義). 종혁(從革). 수오지심(羞惡之心).

우(憂). 신(辛).

폐(肺)-대장-조(燥)-코

不及: 결단심 없고. 심성 독하다.

太過: 공갈쟁이. 골치 아픈 사람. 염세주의.

水星: 전략적 기술직업. 창조개발. 실험연구. 과학.

지(智). 윤하(潤下). 시비지심(是非之心).

공(恐). 함(鹹).

신(腎)-방광-한(寒)-귀

不及: 기억력 융통성 부족. 우울하다.

太過: 공치사꾼. 매사 부정적. 반항. 포악. 겁

많다.

*^{과 유 불 급}**過有不及이란:**

오행이 한쪽으로 몰린 지나친 기운은 좋지 않다.

*^{왕 자 충 발}**旺者沖發이란:**

오행이 치우쳐 왕한 오행을 충하면 예상치 못한 큰
해를 당한다.

*^{왕 자 충 형 노 발 지 화}**旺者沖刑努發之禍란:**

왕한 오행을 형충(刑沖)하면 왕한 오행이 분노하여
화를 당한다.

*^{쇠 자 충 극 발 근 지 화}**衰者沖剋發根之禍란:**

쇠약한 오행을 충극은 뿌리가 뽑히는 화(禍)를 당
한다.

-印으로多禍-	-食으로多禍-	-財로多禍-	-官으로多禍-
토 다 금 매 土多金埋	토 다 화 회 土多火晦	토 다 목 절 土多木折	토 다 수 색 土多水塞
금 다 수 탁 金多水濁	금 다 토 변 金多土變	금 다 화 식 金多火熄	금 다 목 절 金多木折
수 다 목 부 水多木浮	수 다 금 침 水多金沈	수 다 토 붕 水多土崩	수 다 화 식 水多火熄

목다화식	목다수축	목다금결	목다토함
木多火熄	木多水縮	木多金缺	木多土陷

화다토조	화다목분	화다수갈	화다금소
火多土燥	火多木焚	火多水渴	火多金銷

3. 합(合)

합이란 에너지의 기운을 뭉치게 하는 인연 화합 작용으로 다정다감하다.

*천간합(天干合)

음양의 합이다.

甲-己= 土　　　乙-庚= 金　　　丙-辛= 水

中正之合: 분수,자비.　仁義之合: 강직,의리.　威嚴之合: 잔인,간교.

丁-壬= 木　　　戊-癸= 火

仁壽之合: 감정,애정.　無情之合: 무정,인색

*지지육합(地支六合)

일명 부부 합이다.

子−丑= 土   寅−亥= 木   卯−戌= 火
辰−酉= 金   巳−申= 水   午−未= 火

*지지삼합(地支三合)

일명 사회 동료 합이다.

申−子−辰= 水   巳−酉−丑= 金
寅−午−戌= 火   亥−卯−未= 木

*방합(方合)

일명 형제 합이다.

亥子丑= 북방 水   寅卯辰= 동방 木
巳午未= 남방 火   申酉戌= 서방 金

*암합(暗合)

일명 지장간 합이다.

午亥=丁壬   寅酉=丙辛   子巳=戊癸   卯申=乙庚

4. 천지인삼기(天地人三奇)

신의 조화, 조상님의 음덕이 따른다.

甲戊庚-天上三奇. 乙丙丁-地下三奇. 壬癸辛-人門三奇

1.삼기성은 정신이 보통 인(人)과 다르고 항상 기이하고 큰 것을 따른다.

1.학문과 예능, 재능이 탁월하다.

1.사회적으로 미치는 영향이 많고 특히, 국가의 동량의 인물이 많다.

1.흉성이나 공망을 만나거나, 파격이 되면 고향을 일찍 등지고, 재능은 있으나 곤고함이나 고독은 면할 길이 없다.

연월일. 월일시= 순서로 놓여야 진격(眞格)이 된다.

시일월. 일월년= 역으로 놓이면 가격(假格)이 된다.

5. 문창.문곡.학당(文昌星.文曲星.學堂)

일간 =	甲 -	乙 -	丙 -	丁 -	戊 -	己 -	庚 -	辛 -	壬 -	癸
문창 =	巳 -	午 -	申 -	酉 -	申 -	酉 -	亥 -	子 -	寅 -	卯
문곡 =	亥 -	子 -	寅 -	卯 -	寅 -	卯 -	巳 -	午 -	申 -	酉
학당 =	亥 -	亥 -	寅 -	寅 -	寅 -	寅 -	巳 -	巳 -	申 -	申

학문 문예와 재질과 풍류로서 교수나 학자가 되어 후학을 양성한다. 모두가 글 잘하고 재능이 많은 사람이다. 일간 기준하여 지지를 대조해서 본다. 문창하고 상충되는 자가 문곡이며, 십이운성으로 일간 오행이 장생되는 자가 학당이 된다.

6. 천을귀인(天乙貴人)

하늘의 도움 받는 팔자다.

甲戊庚= 丑未　　**乙己**= 子申　　**丙丁**= 亥酉
辛= 寅午　　**壬癸**= 巳卯

일생 귀인이 떠나지 않으며, 각종 택일에도 쓴다.(만약 운에서 '천을귀인'을 만나면 귀인을 만나게 된다)

7. 탕화살

寅- 丑- 午
음독자살. 약물중독. 화재

인화성 물질로 수족이나 신체에 이상이 생긴다.

8. 고진과숙(孤辰.寡宿殺)

남자는 고진살, 여자는 과숙살.

생년기준: **亥子丑생** = 戌이 과숙살, 寅이 고진살.
　　　　 寅卯辰생 = 丑이 과숙살, 巳가 고진살.
　　　　 巳午未생 = 辰이 과숙살, 申이 고진살.
　　　　 申酉戌생 = 未가 과숙살, 亥는 고진살.
　　　　 홀아비, 과부가 된다. 육친이 고독해진다.

9. 도화살(桃花殺)

인기가 많아진다.

申子辰=**酉**.　亥卯未=**子**.　寅午戌=**卯**.　巳酉丑=**午**

여자는 기생, 남자는 기생오라비 살
"식신, 상관, 합, 水가 많은 도화살은 호색한 운명이다"

10. 홍염살(紅艶殺)

남녀가 부정행위를 저지른다.

甲-午　乙-申　丙-寅　丁-未　戊己-辰
庚-戌　辛-酉　壬-子　癸-申

유흥. 서비스. 외교가. 신생 유행하는 인기 업종이 좋다.
전생에 바람둥이다. 애교와 눈웃음 끼가 많다.
사주에 卯辰이 丙丁는 변태 성욕자요. 辰이 甲丙은 성기
는 몽둥이다.

11. 현침살(縣針)

허리, 관절수술, 통증 부르는 살.

甲申. 辛卯. 甲午. = 甲.申.卯.午

醫.卜.風. 활인. 하늘이 내린 약손이다.
두통 골절 신경통 산후풍으로 평생 고생을 한다.
의사. 약사. 간호사. 복지사. 피부관리사.
칼-연장 쓰는 파워직업을 가져라.

12. 천의성(天醫)

활인술. 의사운명

생월=子 丑 寅 卯 辰 巳 午 未 申 酉 戌 亥
천의=亥 子 丑 寅 卯 辰 巳 午 未 申 酉 戌

천의성은 출생월 지지의 앞 글자에 해당된다.
즉 卯월이라면 寅이 해당된다.

활인술, 하늘이 내린 神氣-약손이다.
의사. 약사. 간호사. 요양보호-복지사.
피부관리사. 칼 쓰는 직업

13. 천라(天羅). 지망(地網)살

戌亥. 辰巳

감옥이나 납치 감금. 낙상수 및 다치는 일이 많다.
교통사고. 추락. 조난사고. 빙의현상. 정신장애. 피
할 수 없는 재앙(災殃). 도저히 벗어날 수 없는 그물
이다.

14. 상문. 조객살(喪.弔)

상문 부정살. 가족 초상난다. 사주의 **년지**나 **일지**와
전후 두 번째 글자에 **해당한다(일명 격각이다)**. 조객살

보다 상문살이 무섭다.

대운이나 세운에서 또 겹치면 대흉하다. 사람이 죽어 나간다.
=상문 부정살은 신장 기도로써 풀어야 한다=

15. 겁살(劫殺). 망신살(亡身殺)

가정 망신. 패망살이다.

申子辰=**巳亥**. 亥卯未=**申寅**. 寅午戌=**亥巳**. 巳酉丑=**寅申**
　　　劫亡　　　　**劫亡**　　　　**劫亡**　　　　**劫亡**

1. 겁살(劫煞)이 있으면 일찍이 부모를 상극(생사이별)한다. 사업이 망하고 야반도주하며, 투기나 사기 도난으로 패가망신한다.
1. 망신살(亡身殺)이 있으면 주색, 잡기, 색난으로 패망을 한다. 망신살이 있으면 증권 마약 약물 중독으로 패가망신을 한다.
1. 겁살과 망신살이 모두 다 있으면 현장에서 몽땅 사고 난다.

16. 수옥살(囚獄殺)-재살(災殺)

申子辰= **午** . 亥卯未= **酉**. 寅午戌= **子**. 巳酉丑= **卯**

군. 경. 소방관. 교도관. 요양보호사. 간병인
수옥살이란 시설에 의존함. 감옥. 감금. 납치. 인질

17. 화개: 華 蓋

기도하고 공 들여야 하는 팔자다.

申子辰= **辰** . 亥卯未= **未**. 寅午戌= **戌**. 巳酉丑= **丑**

화개가 空亡과 함께 있으면 고귀한 정신철학가요 수
행자의 운명이다. 영감-영적 발달. 사색공상. 수행자.
종교철학가. 예술작가. 고고학자. 고귀한 지식가. 연구
발명가. 팔방미인. 다재다능. 부동산재산가

화개는 조상님의 유전인자인 태중살(胎中殺)이라 하
여, 반드시 "名山大寺"을 찾아서 기도하고 살을 풀어
야 한다. 늙어가며 약 봉지를 달고 사는 운명이 된다.

화개(華蓋)란 양인살(刃).형살(刑).상충살(冲).살성(七殺).편인(倒食). 백호살. 상관(傷官).겁재(劫財)의 나쁜 흉살의 기운을 소멸한다.

화개살이 있는 사람은 조상님의 제사를 잘 챙겨야 한다. 기도하시던 선조의 유업 받들고 치성 올리는 수행의 별이다.

18. 공망(空亡)

공치고 망하는 살이다.

부모. 형제. 부부. 자식의 육친과는 인연이 없고, 해당된 육친과 직업. 명예. 재물. 건강 해당된 곳은 모두 결과가 용두사미다.

공망이 된 사람이나 그 자녀는 칠성님께 팔아주고 공 들여라 하였다. 팔아준다는 것은 스님을 양(養)아버지로 삼아야 한다. 살을 극복하려면 인연복(因緣福) 많이 지어야 한다.

공망 뽑는 법

먼저 생일인 "일주"를 기준하여 해당되는 순중(旬中)인 줄, 맨 끝에서 "공망"에 해당하는 글자가 있는

가를 찾아서 생년 생월 생시 기둥에 있는가를 대조해 본다. 그리고 또 생년인 "년주"를 기준하여 생일인 일 지에 "공망"에 해당하는 글자가 있는가를 대조해보아 찾는다. 공망이 해당된 생년는 조상덕, 생월은 직장과 부모덕, 생일은 배우자덕, 생시는 자녀덕의 여부를 살 핀다. 공망이 된 자리는 덕이 없다고 판단한다.

※ 년주 및 일주 기준한다.

① **갑자**,을축,병인,정묘,무진,기사,경오,신미,임신,계 유= **술.해 공망**

② **갑술**,을해,병자,정축,무인,기묘,경진,신사,임오,계 미= **신.유 공망**

③ **갑신**,을유,병술,정해,무자,기축,경인,신묘,임진,계 사= **오.미 공망**

④ **갑오**,을미,병신,정유,무술,기해,경자,신축,임인,계 묘= **진.사 공망**

⑤ **갑진**,을사,병오,정미,무신,기유,경술,신해,임자,계 축= **인.묘 공망**

⑥ **갑인**,을묘,병진,정사,무오,기미,경신,신유,임술,계 해= **자.축 공망**

19. 곡각살(曲角殺)

소아마비. 불구자 골절의 수술이다.

$$乙巳 \ 己巳 \ 己丑 = 乙.己.巳.丑$$

20. 급각살과 단교관살

신체장애. 소아마미. 골절상

寅月-寅　卯月-卯　辰月-申.(**단교살** 春생= 亥子)
巳月-丑　午月-戌　未月-酉.(**단교살** 夏생= 卯未)
申月-辰　酉月-巳　戌月-午.(**단교살** 秋생= 寅戌)
亥月-未　子月-亥　丑月-子.(**단교살** 冬생= 丑寅)
팔다리. 관절. 허리. 골절 수술하며 장애가 생긴다.

21. 상충살(相 沖)

갑자기 망하고 갑자기 죽을 수 있다.

子-午.　卯-酉.　寅-申. 巳-亥.　辰-戌.　丑-未

(變변화.動이동.發개발.起개척.分散해체.破滅망함)
喪夫喪妻. 생-사이별. 파산수. 명예박탈. 꼴통 배우

자가 수명이어 줌. 급 사망. 사고주의. 과로사. 소송.
관재수. 병액. 공상이몽

  벼락부자. 혁명. 혁신. 개혁. 강력파워. 급 변화를 가
진 에너지
  *業象代替= 무시무시한 살상(煞傷)이 관계된 파워
업종이 팔자에 좋다. (생명과 관계되는 건강과 관련된
업종)
  =집안 망한다. 반드시(必)=신장(神將)기도하라=

22. 형살(相 刑)

사건-사고-사건해결사

寅巳申 삼형살: 持勢之刑 寅-巳. 巳-申. 寅-申
丑戌未 삼형살: 無恩之刑 丑-戌. 戌-未. 丑-未
　　무례지형: 無禮之刑 子-卯
　　자형살: 自害之刑 辰-辰. 午-午. 酉-酉. 亥-亥

  불의사고. 대수술. 장기입원. 관재수. 형벌. 감금. 납
치. 가성파산. 싸움. 객사. 불+자.

특수기능 및 장비사업. 전문직업. 주방장. 개발 및 개선 철거사업. 수선. 군. 경. 검. 구조대. 의사. 간호. 약사. 활인. 피부미용. 기술자. 스포츠. 보건. 힐링

*業象代替= 무시무시한 살상(煞傷)이 관계된 파워 업종이 팔자에 좋다. (생명과 관계되는 건강과 관련된 업종)

반드시(必) = 신장(神將)기도하라. 운명을 개선하는 방법이다.

23. 양인살(陽刃)

흉기. 비명횡사. 단명살

甲-卯. 丙-午. 戊-午. 庚-酉. 壬-子

(양인하고 상충이 되는 자, 즉 卯가 양인이라면 酉가 비인(飛刃)살인데 탐험이나 모험, 투기를 하다가 신세를 망치는 살이다.)

양인살은 전문자격증소유. 프로기질. 전문가근성. 모험-승부근성. 통치권운명. 대부귀. 강열. 괴걸. 열사. 열녀. 여걸. 생살권자다. 군.경.구조대. 경호. 의사.

간호. 약사. 보건. 미용사. 요양사. 보험. 도축. 살생직업. 위험수당직. 기술자. 기능직. 스포츠. 힐링. 특수장비. 공업. 건설. 개발. 전문자격업종(羊刃殺이+도화살+천을귀인+寅申巳戌= 국가자격증소유)

양인과 편관(七殺)과 刑殺을 만나면 전문직업과 권력으로 출세

급사망. 자살. 흉사. 대수술. 살상. 불구자. 맞아죽음. 배우자죽음. 사건-사고가 끝없이 따른다. 반드시 개운법을 쓰고, 횡액을 방지하라

*業象代替=무시무시한 살상(煞傷)이 관계된 파워 업종이 팔자에 좋다.(생명과 관계되는 건강과 관련된 업종)

24. 백호살(白虎)

피를 보는 살기운. 해당가족에 90% 영향을 끼친다. (지장간에 있는 육친도 해당이 된다.)

甲辰. 戊辰. 丙戌. 壬戌. 丁丑. 癸丑. 乙未

생체실험. 살처분 업무. 장의사. 사건담당. 살생업.

도축-고기잡이. 성직자. 퇴마사. 의료관련. 보건. 간호사. 복지사. 가공업. 건강식품

백호살은 가스통과 같다. 급사고-사망을 액막이로 미리 방지하라. 흉사. 횡사. 급사망. 피살. 자살. 교통사고. 총칼로 사망. 암(癌). 심근경색. 신체장애. 장기입원. 불치병. 유전병환자. 지병

죽음을 부르는 상충살-칠살-형살-양인살과 함께 하면 죽음이 흉하다. 전생의 무자비한 살인죄다. 피눈물로 한 맺힌 혼백살이다. 개운법으로 운명 업그레이드를 하라.

성난 호랑이와 같다. 반드시(必) = 신장(神將)기도. 개운법 써라. 방생하라.(뼈를 갈아 심지 삼고, 피를 빼서 기름를 삼아서 불을 밝히고 염불하라)

*辰.戌.丑.未일생은 방생을 하며 명산을 찾아서 액막이와 방생기도가 특효다.

*業象代替= 무시무시한 살상(煞傷)이 관계된 파워업종이 팔자에 좋다.(생명에 관계되는 건강과 관련된 업종) 강력한 에너지를 발휘하는 살로써 죽고 살고, 죽이고 살리는 살이다.

25. 괴강(魁罡)

대귀. 대부. 대권장악. 통치가의 운명. 극과 극이다.

庚辰. 庚戌. 壬辰. 戊戌

성격 차갑고 독하다. 카리스마. 청렴결백. 총명. 흑백
론. 똑똑하다. **권력자. 지도자. 家長. 군. 경. 사법. 열사.
운동권. 운동가. 불량배**
지도력 강력한 지도자의 에너지를 가져 극과 극으로 간다
여자는 미인. 과부살 - 남편 밀어내는 살이다

26. 원진.귀문(怨嗔.鬼門殺)

귀신이 간섭하는 살이다.

子—未 鼠忌羊頭角 신경질　丑—午 午憎馬不耕 과민
寅—酉 虎憎鷄嘴短 간섭　　寅—未　　　　　스트레스
卯—申 兎怨猿不平 망상　　辰—亥 龍嫌猪面黑 기피증
巳—戌 蛇驚犬吠聲 허무　　子—酉　　　　　짜증

만인이 꺼리는 특수 업종. 청소 하수구.
정신과. 귀신관계. 비정상적업종.

남을 미워하다가 자신이 도리어 정신질환자가 되는 살. 무속병. 빙의. 정신불안. 과대망상. 피해망상. 의심병. 결벽증. 변덕. 중독. 누명. 신경쇠약. 의처증. 의부증. 변태. 신경질. 보면 짜증. 스트레스. 우울. 조현증. 천재(天災)

= 감성과 이성이 교차하는 이중성격증후군 =

액막음을 위하여 조상님 기도와 천도재를 많이 해야 된다.

*戌. 亥 천문(天門)과 놓이면 신병(神病.귀신병) 장애가 온다.

27. 삼재(三災)

申子辰생은 寅卯辰년 3년간이 삼재운이다.
巳酉丑생은 亥子丑년 3년간이 삼재운이다.
寅午戌생은 申酉戌년 3년간이 삼재운이다.
亥卯未생은 巳午未년 3년간이 삼재운이다.

*삼재 1년차는 들어오는 삼재, 삼재가 2년차는 묵는 삼재, 삼재가 3년차 나가는 삼재라 한다.

*삼합에서 나오는 오행이 있다. 그 오행으로 십이운성을 木은 亥에서, 金은 巳에서, 水는 申에서, 火는 寅

에서 장생(長生)을 짚어서 순행으로 진행해 가면 "病. 死. 墓"가 닿게 된다. 들어오는 삼재에 병(病)이 들고, 묵는 삼재에 사(死)-죽어서, 나가는 삼재에 묘(墓)지인 무덤으로 간다는 비유를 든다.

삼재가 들어오는 사람은 바람이 나고. 사기 당하고. 사건과 사고가 무섭게 꼬리 물고 일어난다.

*삼재는 福삼재와 惡삼재가 있다. 복삼재 때는 삼재의 강력한 기운으로 벼락부자가 되고 악삼재 때는 삼재의 강력한 살기운으로 죽음을 맞이하기도 한다.

28. 악살소멸

악살을 제압하고 소멸하면서 운명을 업그레이드 시켜주는 주문이다.

멸정업다라니
옴 바라 마니다니 사바하

멸악취 진언
옴 아모가 미로 자나 마하 모나라 마니바나마 아바라 바라 밋다야 훔

소재길상달라니

나무 사만다 못다남 아바라지 하다사 사나남 다냐타
옴 카카 카혜카혜 훔훔 아바라 아바라 바라바라아바
라 바라아바라 지따 지따 지리 지리 빠다 빠다 선지가
시리예 사바하

광명진언

옴 아모가 바이로차나 마하무드라 마니파드마 즈바
라 프라바를타야 훔

自歸依心爲師
不依他爲師

群山聳興寺松月

명궁법

명궁(命宮)법

　명궁이란 명리학적으로 중요한 위치에 있다. 대통령이나 지도자들이 혼자서 조용히 업무를 집중해서 보아야 할 집무실 즉 자기 공간인 상태의 조건이 좋은가 나쁜가를 보자는 것이다. 외부 활동 공간이 아무리 나쁘고 힘들어도 명궁이 좋은 사람은 그래도 집에 들어오면 두 다리 쭉 뻗고 행복하게 휴식하는 것과 같은 것이다.

　명궁을 찾는 법은 태어난 음력 생월을 기준하고, 그 생월에서 태어난 출생 시를 시작하여 짚어 순행으로 진행해 가다가 묘(卯)에서 멈추게 된다. 묘가 멈춘 그 자리가 명궁 글자의 지지가 된다. 설명이 어렵고 복잡하니 아래의 공식을 무조건 암기하라. 습득이 더욱 빠르다.

* **"출생 月支. 출생 時支"해당하는 고정된 수(數).** 꼭 암기

寅월=1.　　卯월=2.　　辰월=3.　　巳월=4.

午월=5.　　未월=6.　　申월=7.　　酉월=8.

戌월=9.　　亥월=10.　子월=11.　丑월=12.

* **"명궁"의 '기본 고정 수(數)'를 꼭 암기 한다**

14수(數)와 26수(數)이다.

* **명궁기산(命宮起算), 명궁에서 시작하여 계산 하는 법**

가령 **인월**(寅月)에 태어난 **묘시**(卯時)생이라면

예시) 寅월 卯시생: 寅월 1 + 卯시 2 = 3이 된다. 기본고정수 14에서 '14-3=11이 된다. **11숫자**는 맨 위, 고정수인 출생 월지. 출생시지에 보면 子월 **11**이라 되어 있다. 그래서 **11**은 子이므로 이 경우의 명궁은 子가 된다. 기본 수인 14와 26을 꼭 기억하라.

예시) 辰월 酉시생: 辰3+酉8=11. 기본 수14-11=3 辰이 명궁이다. **예시)** 申월 戌시생: 申7+戌9=16. 기본 수26-16=10亥가 명궁이다. 기본 수가 14가 넘으면,

26의 기본 수에서 빼는 것이다. **예시)** 丑월 午시생: 丑
12+午5=17. 기본 수26-17=9戌이 명궁이다.

위의 **예시)**를 보고 빨리 알았으리라 믿는다. 기본 수
를 14와 26으로 한 것은 생월과 생시가 합산하여 14
나 26에서 빼는 것이고, 즉 14가 넘으면 기본 수 26에
서 빼고 14가 넘지 않으면 기본 수 14에서 생월과 생
시의 합한 수를 빼라는 것이다.

명궁의 지지가 정해지면 지지에다 천간을 붙여서
"간지"를 만들어야 한다. 이때에 반드시 생년의 천간
을 기준 한다. 매년 년 천간을 기준하여 매월의 월건
의 간지를 정하는 방법과 같다.

다음 명궁이 丑이라면, 이것은 생년을 먼저 알아낸
다음 庚生이나 乙生이라면 乙庚之年 戊寅頭로 시작하
여 己卯 庚辰 辛巳 이하 같은 방식으로 진행하여 丑은
己丑이 되므로 명궁은 완전 결정이 된 것이고,

혹 甲生이나 己生이라면, 갑기지년병인두(甲己之年
丙寅頭)로 시작하여 丁卯 戊辰 이하 같은 방법으로 진
행하면 丑은 丁丑이므로 그 丑의 명궁은 丁丑이 되므
로 그 축의 명궁은 丁丑으로 결정하는데 이하 가 명궁
과 甲己生 乙庚生 丙辛生 丁壬生 戊癸生 이 모두가 같
은 방법을 기준하면 된다.

*명궁(命宮)의 중요성과 활용이다

명궁이란 신명(身命)인데, 나의 정신(精神)의 혼(魂)이 의지하고 머무는 장소이다. 그래서 명궁이 흉신으로 깨지면 나의 정신이 혼비백산(魂飛魄散)한다는 것이다.

명궁을 묘(卯)로서 기준하는 이유는 태초에 생명체가 자라기 시작하는 어머니의 자궁(子宮)이다. 그래서 묘(卯)는 동방지목(東方之木)이요, 木은 인(仁:덕)이요, 인(仁)은 수(壽:생명)요, 수(壽)는 명(命:운명)인 까닭이다. 신궁(身宮)은 묘(卯)의 대칭의 유(酉)가 되는데, 이유는 유(酉)는 서방지정금(西方之正金)이요, 金은 의(義:슬기)요, 의(義)는 의(宜:떳떳함)가 되는 까닭이다.

또 명궁은 위 수태지초(爲 受胎之初)며 목주(木主)는 인(仁)이요, 인(仁)은 생생지의(生生之意)가 있는 것이고, 신궁(身宮)은 위 수태지사(爲 受胎之梭)이며, 금주(金主)는 의(義)요, 의(義)는 유성지의(有成之意)가 되므로 신명(身命)은 생성지도(生成之道)의 원천(源泉)이 됨을 기억해야 한다.

따라서 명궁을 중요시하는 것은 이 때문인데 이것을 비유하여 말한다면 신들은 사묘(社廟)에서 산다면, 사람은 방실(房室)에서 사는 것과 같다. 영혼은 영부(靈府)에서 살고 있다면, 인생의 명(命)이란 명궁에 사는 것이다. 그 명궁은 그 명의 방실로써 명(命)의 오고 가는 동작 이합집산(離合集散) 진퇴(進退)와 만 가지 조화 등 그 모두가 여기에 근거되어 있다고 하여도 과언은 아니다. 그래서 이것을 깊히 연구하지 않으면 안된다.

그리고 이 명궁은 활용면에 있어서도 광범위한 것이니 육친, 용신과 희신, 12신살, 각종 신살 등 모두 대조하여 보아도 좋다. 또 이것을 대조하여 새로운 경지를 탐구해 볼만하다.

그 활용의 예를 들면, 사주의 인성의 신왕격에 명궁에 관살이 있으면 관인상생격(官印相生格)으로 좋아진 경우라든가, 또 사주에서 관성을 작용하여야 되는데 관성이 부족할 때 명궁에 관성을 이루어 좋아진다든가, 또는 명궁에 역마가 있으면 본 사주에 역마가 없어도 해외나 타관 객지로 바쁘게 돌아다니는 운명이 되며, 사주에 도화살이 없는데 명궁에 묘(卯)가 있어서 도화살이 되면서 형살을 만나 성병을 앓는다든가 이렇게 여러 가지를 적용해서 참고하고 사주풀이를 하는 것이다.

*실례로 명궁 활용이다.

병인년 2월 16일 축시생
辛 丁 壬 丙
丑 卯 辰 寅
명궁은 庚子다

　이 사주는 辰월 丁일생이나 辰중에 木기운과 인묘진 목국(寅卯辰木局)과 丙丁 두 개의 火가 투간하여 寅木에 뿌리를 두어 득세(得勢)하고 있어 印星으로 일간이 신강하고 壬水 기운이 약하다. 명궁의 庚子는 子丑합, 子辰합 水局 결성되어 壬水의 원천이 되는 것이고, 명궁의 천간 庚金과 사주의 辛金이 水를 생수(生水)하여 고갈되어 가던 壬水를 돕고 있다.

　그 壬水가 辰에 水를 가두는 수장고(水藏庫)이면서 끊어지지 않고 마르지 않는 것은 辰중에 癸水와 그리고 丙辛의 合으로 水가 되어 공도 크겠지만 그보다도 근본적인 공(功)은 명궁 庚子의 원천에 있는 것이다. 이렇게 명궁과 사주의 원국의 관계의 합과 충의 영향이 큰 것을 설명하였다.

신미년 정월 25일 인시생

壬 丁 辛 辛

寅 卯 卯 未

명궁 庚子이다

丁壬合으로 木이 되고 시지 寅과 지지의 寅卯의 木
局과 합되어 있으며 명궁의 子水가 인성 용신인 木局
을 생하여 참 아름답게 생겼으나 명궁의 자는 도화살
이고 사주의 일지와 子卯 형살을 하였다. 도화형살(桃
花刑殺)로 인하여 성병(性病)이 걸려서 고생하고 있
는 사주이다.

임술년 8월 11일 해시생

辛 壬 己 壬

亥 寅 酉 戌

명궁 戊申이다

이 명조는 寅午戌생에 해당한다. 그래서 명궁이 申
이 된다. 명궁의 申 역마살과 일지의 寅과 인신상충
(寅申相沖)을 하고 있다. 일지인 내 몸과 역마살이 상
충하여 교통사고로 하체 불구가 된 사주이다. 다행이
죽지 않고 목숨을 건진 것은 酉月에 임수와 신금이 천

간에 있으면서 壬水는 시지에 록(祿)을 만났고, 辛金은 월지에 록(祿)이며 酉戌 金局의 뿌리가 되었다. 그리고 일간 壬水는 12운성으로 명궁의 申金에 장생지가 되었다.

自走己心為師
不依他性為師

群山聖興寺松月

사주 추명론

사주 추명론

1. 해외 출입 및 고향을 떠나 산다

年入 또는 日入역마. 地殺 인 자: **경신 갑자 임신 무신**

일월이 충.형 된 자: **갑자 병인 임신 신축**

월건에 공망이 된 자: **계미 임술 갑자 정묘**

갑을목이 수가 왕한 자: **기해 병자 갑자 을해**

화기태왕하거나 수기가 태왕하면 해외 출입 빈번하다.

인성이 지살 역마에 놓이면 해외 유학이다.

2. 선조 奉祀에 무성의하다

일극생년 한 자: **병인 계사 임인 무신**

년일이 극.형.충 한 자: **무진 을묘 갑술 병인**

男: 관성기준 시지에 사.절.묘는 일찍 둔 자녀 키우기 어렵다.

관성이 약하고 식상태왕과 시지 공망은 자녀 키우기 어렵다.

火旺土燥. 水旺木浮. 金寒水冷은 조후 부족으로 자녀 키우기 어렵다.

女: 일시에 편인 및 상관이 형. 충 되면 키우기 어렵다.

상관이 극왕 극약하거나, 병오 병진 일시가 卯酉 충이면 무자녀.

壬일생이 時지 寅木에 공망하고 寅巳로 刑하면 무자녀.

식상이 극.충.형.백호.공망.급각.격각살 등을 만나면 자녀가 흉하다.

3. 조부 흉사한다

편인이 형,충.백호살이 된 자: **경오 기축 신유 무술**

4. 부친.숙부.고모가 횡사한다

편재가 백호.형충이거나 갑진.을미일주:
정유 갑진 갑자 갑술

5. 모친. 백모가 흉사한다

인수가 백호.극.형.충.극설 일 때:
임술 계축 신사 경인

6. 모친이 재취.소실이다

월지에 도화나 망신살인 자: **병인 신묘 신유 신묘**
인수가 재성과 암합을 한 자: **정축 을사 병신 신묘**
인성이 財 또는 일지와 암합을 한 자:
기해 신미 신묘 경인

7. 다른 어머니 모셔본다

인성이 많은 자: **을축 을유 임인 신축**

8. 다른 부모의 밥 먹어 본다

일지 재성이 다른 재성과 연합한 자:
정유 임인 신해 신묘

9. 조모 또는 장모 두 분 모셔본다

식신 상관이 많은 자: **임술 을사 을미 병술**

10. 시부모와 불화한다

비겁이나 인성이 태왕한 자: **무진 무오 경진 경진**
재다신약에 생관살한 자: **계유 경신 병오 임진**

11. 부모.형제간에 불화하다

일월이 충.극.형.원진이 된 자: **경신 신사 병술 경인**

12. 형제 자매가 흉사한다

월지 및 비겁이 백호나 형.충.흉살인 자:
무진 정사 임신 갑진

13. 길에서 횡액 당한다

계사.계축.계미일생이 逢갑인시: **기사 무진 계미 갑인**
역마 지살이 일지 형충 한 자: **신해 신묘 병신 경신**
역마지살이 상관.재살국 이룬 자: **병진 기해 무인 을묘**

14. 납치나 시설에 강금 당하여 본다

일지에 형살이나 수옥살. 나망살(羅網殺)이 놓인 자.
관살태왕하거나 상관과 양인이 태왕한 자.

15. 척추 관절 수족에 이상 온다

일시에 단교관살. 급각살. 곡각살이 놓인 자.

16. 정신 이상이 있어 본다

木일에 木왕 자. 火일에 火왕 자. 水일에 水왕 자.
木일에 극태약 자. 火일에 극태약 자.
土일에 극태약 자. 신약하고 관살이 태왕 자.
귀문살 및 木火 일주가 극신약 자:
임신 병오 을사 기묘

17. 눈에 이상이 온다

木.火.土 일주가 태약한데 재성과 관살 많이 만났을 때
柱中에 丁.巳가 金水태왕을 만났을 때
柱中에 火가 태왕하거나 태약한 것을 극. 충을 할 때
甲乙일간이 건조하여 과도하게 말라 죽을 때

18. 치아로 고생한다

사주에 金이 허약하고 형. 충. 극을 만났을 때
사주에 단교관살. 급각살이 있는 자

19. 기관지 및 폐질환 위험하다

사주에 금이 허약하고 냉하거나 형.충.극으로 파상되었을 때

木火태왕자. 木多金缺(水木擬結의결)된 자:

병오 경인 무오 갑인

20. 심장 및 혈압 위험하다

水일주가 水氣 태왕 및 火土일주가 火土 태왕한 자 고혈압

丁火일주가 水기가 왕한 경우 저혈압

사주 중에 火가 극왕 및 극약의 경우 고혈압

사주가 火氣 身旺자는 고혈압: **갑오 경오 병신 갑오**

사주가 火氣가 약한데 水氣가 旺한 경우 고혈압

사주가 火氣 身弱자는 저혈압, 협심증, 심장 판막증 주의

21. 간질환 위험하다

木日柱가 土金이 왕한 자: **계유 경신 갑신 정묘**

金木 相戰으로 木이 傷하는 자

木이 어디에 있든지, 木이 약한 자. 水木擬結의결 자.

22. 이비후과의 질환이다

사주에 금수목이 약하고 형충이 된 자:
기유 병자 을묘 기묘
금수목이 태왕한 자: **무인 갑자 임자 경자**

23. 위장 질환으로 고생한다

木이 太過는 위산과증 생긴다
水多土流와 木旺土弱은 위궤양이다
金旺土弱은 위경련이다
土刑.沖은 위가 꼬이거나 수술 받는다
火生土가 너무 많으면 과식으로 인한 위무력증이다
土일주나 사주에 土가 심하게 약하면 위장병이다

24. 장이나 치질로 고생한다

金일간이 木火월생에 火가 왕한 자:
계유 갑인 경오 병술

25. 화상이나 음독이나 중독을 경험한다

일지에 丑.寅.午의 탕화살이 火局 및 형살과 함께
한 자

26. 성 질환 앓아본다

壬癸일생이 화토 다 봉 자: **기미 갑술 임인 신축**
도화살이 형. 충 또는 곤랑(滾浪)도화를 만난 자:
신유 신묘 병자 경인

27. 젖 부족 및 나팔관 종양 임신 있어 본다

식상이 많거나 형.충 된 자: **신유 갑오 을사 무인**

식상이 태약한데 다시 형.충이 되면 자궁 이상이 온다
일주가 약하고 寅申충 卯酉충이 되면 자궁 이상이
온다
일주가 약하고 식상이 태왕하면 자궁 이상이 온다
인성이 태왕하고 식상이 심히 약하면 자궁 이상이
온다

28. 풍질 및 수족 이상이 온다.

일주가 약하고 단교관살이나 급각살이 있는 자
사주가 水木의결(擬結) 혹 金水로 차고 냉한 자
사주가 신약하고 金木相戰 혹은 역마. 지살이 형. 충
한 자
사주가 지나치게 건조한 자

양인태왕 혹은 재성과 관살이 태왕한 자

신약하고 도화살과 목욕살이 형충되어 있으면 과다한 성욕으로 중풍 질환이 온다.

29. 본처와 해로 못한다

시상상관. 일지흉신. 시상편재에 印劫왕 자

일주 干與之同에 時비겁이 놓인 자

공망. 양인. 형. 충. 원진. 고진살 일시중첩 된 자

재성백호. 재성극. 재성충형이 된 자

비겁이 많으면 화류계가 본처다

日地藏干 財星이 他柱財와 합한 자:

을해 갑신 병술 병신

재성이 백호 및 쇠약하고 관살 왕은 자녀얻고 처망한다

30. 본 남편과 해로 못한다

여명 = **신미 계사 임인 임인**

관성이 약하고 식상태왕한 자

일간이 태약 및 일간이 태왕왕한 자

관살태왕에 制化가 부족한 자

관살이 혼잡한 자

신왕하고 관성이 태약한 자

인성이 왕하고 재성이 없는 자

사주에 金水.木火가 極燥 極寒 자

일주에 악살을 범하고 일월이 형.충을 한 자

사주에 합과 귀인이 많으면 사랑 따라 죽어간다

무자녀 사주가 자녀두면 이별하거나 음란여성이다

31. 夫君 흉사한다

임술 계축이 형충 만난 자

약한 관살을 형충한 자

관성에 백호.형.충 자

32. 애기 낳고 살다가 바람나는 여자

음 일간 일지 지장간의 관성이 천간에 투출된 자

갑술 기사 계사 을묘. 을해 기묘 정해 임인

33. 처녀 잉태 있다

사주에 식상 관성이 한 자리에 있으면서 일주와 합을 하고 있다.

-무인 갑자 임오 무신-   -을해 무인 계축 신유-

*총각잉태는 재성과 관성이 한자리에 있으면서 일주
와 합을 한다.

34. 남자가 불구자식 둔다

식상태과에 관살 미약한 자: **기미 정축 정해 을사**

시주나 관살이 공망.형.극.충.흉살 놓인 자:

임진 임자 경인 병자

35. 여자가 불구자식 둔다

인태과에 식상 미약한 자: **갑진 을해 을해 정축**

시주나 식상이 공망.형.극.충.흉살 놓인 자:

무오 갑자 갑자 정묘

36. 남자가 혼혈아를 둔다

역마가 재성과 관성이 일주와 합을 한 자:

무신 병진 무신 임자

인신사해가 재.관이 되어 일주와 합한 자:

신유 무술 신해 기해

37. 여자가 혼혈아를 둔다

역마가 식상과 관성이 일주와 합을 한 자:

계해 무오 신사 기해

인신사해가 식.관이 되어 일주와 합한 자:

기묘 임신 기축 을해

38. 財政공무원 하여본다

일주와 財.官이 합하여 財가 왕한 자:

무오 을묘 을축 경진

官庫와 일주가 합이 된 자: **정사 기유 정축 경술**

39. 음식물업 하여 본다

金水일주가 水局을 이룬 자: **갑술 병인 임자 신해**

壬癸.戊申.戊子일이 食財가 왕한 자:

신유 기해 임인 임인

丙.己丑.己卯일이 財殺이 왕한 자:

병진 경자 병신 경인

柱中에 상관생재격을 이룬 자: **임오 경술 을사 경진**

십신을 작성한다

　일간을 "천간"오행을 기준하여 사주팔자의 여덟 자의 각 오행에다 대입하여 그 오행에 따른 "십신"의 이름을 붙여서 지어주면 된다.
　=비견. 겁재. 식신. 상관. 편재. 정재. 편관. 정관. 편인. 정인=

비아자(比我者)=나와 같은 것. 일간과 같은 것
비견(比肩) 겁재(劫財)

아생자(我生者)=내가 낳은 자. 일간이 생한 것
식신(食神) 상관(傷官)

아극자(我尅者)=내가 극한 것. 일간이 극한 것
편재(偏財) 정재(正財)

극아자(剋我者)=나를 극한 것. 일간을 극한 것
편관(偏官) 정관(正官)

생아자(生我者)=나를 낳은 것. 일간을 생한 것
편인(偏印) 정인(正印)

육신별 가족명칭(六神別 家族名稱)(암기)

육신＼남녀	남자(男子)	여자(女子)
비견(比肩)	형제, 친구, 조카, 처남의 아들	형제, 친구, 조카, 남편의 첩
겁재(劫財)	친구, 조카, 이복형제, 며느리, 고조모, 처남의 딸	친구, 조카, 이복형제, 남편의 첩, 며느리, 시아버지, 고조모
식신(食神)	조카, 손자, 사위, 증조부, 장모	딸, 증조부, 사위의 부친
상관(傷官)	할머니, 외조부, 손녀, 생진	아들, 할머니, 외조부
편재(偏財)	아버지, 첩, 처의 형제, 형수, 제수, 처남	아버지, 시어머니, 외손자, 사위
정재(正財)	본처(아내), 숙부, 고모	시조부, 숙부, 고모
편관(偏官)	아들, 외조모. 고조부, 매부, 조카, 귀신, 송장	남편(산부), 남편의 형제, 고조부, 외조모, 며느리, 귀신, 송장
정관(正官)	딸, 조카, 증조모	본남편, 손자며느리, 증조모
편인(偏印)	모, 서모, 계모, 유모, 이모, 할아버지, 외숙, 외손자	서모, 계모, 유모, 이모, 할아버지, 시조모, 손자, 외숙
인수(印綬)	어머니, 장인, 증손, 외손	어머니, 사위, 손녀

육신별 성정

비견	동기자, 독립, 실천력, 행동옮김, 고독, 고집
겁재	과단독행, 속성속패, 투기야망, 겁탈자, 투쟁, 폭력
식신	투자, 베풀다. 사교성, 유흥, 연회, 낙천적, 수복
상관	총명한 모사, 재주, 예술, 다재다능, 비판, 교만, 공상가
편재	남의 자산, 횡재, 융통, 동분서주, 베품, 풍류가
정재	자기것, 인정, 정직, 살림꾼, 수전노, 부지런함
편관	과단개혁, 무력과시, 군, 경, 검, 신병, 권모술수
정관	정의자, 통솔력, 지배, 처세, 정직, 품행단정
편인	계모의 심리, 눈치와 재치, 머리비상, 용두사미
인수	모성애, 학식, 덕성, 자비심, 생산심

상생법(相生法)

비겁은 식상을 생하고,

식상은 재성을 생하고,

재성은 관성을 생하고,

관성은 인성을 생하고,

인성은 비겁을 생한다.

상극법(相剋法)

비겁은 재성을 극하고,

재성은 인성을 극하고,

인성은 식상을 극하고,
식상은 관성을 극하고,
관성은 비겁을 극한다.

비견은 편재를 극한다,
겁재는 정재를 극한다.
식신은 편관을 극한다.
상관은 정관을 극한다.
편재는 편인을 극한다.
정재는 정인을 극한다.
편관은 비견을 극한다.
정관은 겁재을 극한다.
편인은 식신을 극한다.
정인은 상관을 극한다.

지장간표(地藏干表)(암기)

12지지 속에 천간이 숨어 있다고 해서 지장간이라
이름한다.

子-壬 癸　　卯-甲 乙　　午-丙己丁　　酉-庚 辛
丑-癸辛己　　辰-乙癸戊　　未-丁乙己　　戌-辛丁戊
寅-戊丙甲　　巳-戊庚丙　　申-戊壬庚　　亥-戊甲壬

十神人元司事

1. 比肩＝主演(공평)

평등. 협동. 발전(경쟁.자유.독립). **자존심. 인덕**
동기자. 동료. 형제. 조카

비견의 단점: **무례. 손해**(이익분배).
          극단적. 독불장군. 자각부족(현실)

      흉: **가정파탄. 손재. 중단.**
      남: **朋妻.**
      여: **벗.**

2. 劫財＝失手(불공편)

목표의식. 도전정신. 자기보호. 근면성실. 속발(速發)

고조모. 조카. 자부. 시부.

겁재의 단점: **과욕. 오만독선. 이기주의. 외골수.
급속퇴보. 투기요행**

흉: **겁탈. 책임보상. 부도. 가족 잃음**
남: **남매.**
여: **군림.**

3. 食神=活動(지구력)

낙천적(풍류.수복). 성실. 실무. 배려. 보호본능. 연구
증조부. 남자는 장모. 사위

식신의 단점: **무사안일. 비효율. 무관심(방관).
저속적. 집요함**

흉: **자녀근심. 생식기질환. 중단. 사기.
식중독.**
남: **信妻家.**
여: **兒.**

4. 傷官=私財(스피드)

筆舌임기응변. 창작모방. 성급실행. 패기. 감성적
조모. 외조부. 여자는 아들

상관의 단점: **변덕 질투. 싫증 무책임. 실수연발.
조직파괴. 언행불손. 무시**

흉: **급재난. 파직. 배신. 망신. 쇼크.
자녀액운**
남: **美盜.**
여: **깔봄.**

5. 偏財=債務(현실주의)

능수능란. 신속판단. 큰재물욕망. 실리추구. 화끈함
남자는 부친. 애인. 여자는 부친. 시어머니. 외손

편재의 단점: **변심**(이익). **과오**(실수). **재앙**(과욕).
인간미 상실. 허세,허풍

흉: **불화. 횡령. 여난. 뇌물죄. 부도**
남: **간 큰 남자.**
여: **낭만.**

6. 正財=現金(정밀함)

현실주의. 치밀. 실속경영. 안정. 근면성실
시조부 . 본처. 고모. 숙부.

정재의 단점: 작은 부자. 소심. 시야좁음. 시시비비.
　　　　　　 결벽증. 불신. 수전노

　　　　흉: 손재. 여난. 사기. 사망
　　　　남: 애처가.
　　　　여: 돈돈.

7. 偏官=治業(극단)

직감의존. 냉철. 예리. 개혁. 통솔. 희생. 청렴. 인내
고조모. 외조모. 귀신. 子.

편관의 단점: 원칙적. 난제봉착. 포용력부재.
　　　　　　 잔인. 극악무도. 냉정. 살기

　　　　흉: 신액. 관액. 가출. 이성액. 자녀액
　　　　남: 공처가.
　　　　여: 섹스.

8. 正官=職務(원칙)

공명정대. 언행일치. 합리적 정의. 객관성. 절대 신임
증조모. 神. 남편.

정관의 단점: **융통성 결여. 자기번민. 복지부동.**
주위의식. 패배주의

흉: **망신. 파직. 신병. 재난. 불륜. 자녀액.**
남: **敬妻家**.
여:**하늘**.

9. 偏印=不安(긴고뇌)

논리적. 심사숙고. 신비주의. 예술적. 철학적 사고
계모. 이모. 조부.
남자는 외손. 여사돈.   여자는 손자. 시조부. 사위

편인의 단점: **변덕의심증. 잔머리. 공상빠짐.**
부정적. 신뢰감결여. 용두사미

흉: **해약. 위조. 실직. 중독. 神病. 子厄.**
남: **樂妻家**.
여: **불만**.

10. 印綬=文書(수용)

보수적 안정. 모성애. 도덕. 맹목적 신뢰. 교육지향
母. 스승.   여자는 외손. 손녀   남자는 증손. 외손

인수의 단점: **무력. 혁신성 결여. 융통성 결여.**
잦은 사기. 착한바보 간섭심함.

흉: **문서사고. 좌천. 우환. 자녀근심.**
남: **裳妻家.**
여: **포근.**

용신 길흉 요약

※사주에서 격(格)은 용신이다.

격에는 희신(喜神)인 길(吉)이 있고 기신(忌神)인 흉(凶)이 있는 것이다. 그래서 길과 흉이 명조 내에 있거나 또 행운에서 만나면 반드시 길과 흉으로 작용한다.

건록격=	吉: 정관. 식신. 인성	凶: 겁재. 재성
겁재격=	吉: 정관. 식신	凶: 겁재. 인성. 재성
양인격=	吉: 관살. 식상	凶: 겁재. 식상없는 재성

*無比劫= 고독. 주관. 잘 속음. 자존감. 자아의식 부족. 리더십. 협동. 독립성이다.

*비겁설기자= 지병. 결정 장애. 매사 망설임.

*比劫太旺= 권위상실. 짝퉁. 내어준다.

*群比爭財= 根旺爭財는 사업실패 부도. 자기 이야기만 한다.

*劫財合殺= 신왕은 갑질. 제한된 행위자. 권한적 업종 종사자다.

⊙ *식신격= 吉: 재성. 편관   凶: 인성. 정관*
  상관격= 吉: 인성. 재성. 편관   凶: 정관

*無食傷= 노동-가공업. 恨. 우울자폐. 몰인정. 비합리적. 非공무 寒직이다.

*식상설기자= 예민. 판단력부족. 실수연발. 말꼬리 흐린다.

*食神生財= 유형상품업. 자기능력 직업활동. 현장능력. 개인능력자이다.

*傷官生財= 무형상품업. 공기관. 일반사회근무. 컨설팅. 마케팅. 예술(입)가다.

*食傷生財= 하루벌어 하루 살아가려는 정신력. 유형상품업이다.

*食傷制殺= 극복의삶. 풍파많다. 지병. 자격조건자. 법, 정당화 주장이다.

*食神制殺格= 연구계발업. 방위. 환경. 도축. 선출직.

活人星. 해결사다.

전문업종에 홈런: 고정 직위 없이 자율권. 조직에 변화무쌍하다.

*制殺太過(食傷多)및 倒食= 풍파많다. 지병. 무허가업종이다.

*制殺太過에 刑冲을 만난 男命= 그 자식 신체이상이 온다.

*傷官佩印(인수)= 교육자. 로비스트. 공공업무. 언어마술사. 컨설팅이다.

*食神合官= 고지식. 격식 갖춤

*傷官合殺=임기응변. 편법. 입찰 경매건. 귀신. 정경유착. 계책과 로비의 귀재(鬼才)이다.

*傷官帶殺= 법률. 변호사. 난세영웅. 리더형. 상담사. 편법가. 정치성이다.

*傷官傷盡(印多命)= 하위등급. 몰매맞음. 매맞고 사는 여자. 윗사람 덕이 없다.

*傷官見官=독불. 無印은 실력과 능력 부족. 根旺은 하극상. 무허가이다.

⊙ *재격= 吉: 정관. 식상. 인성　　凶: 비겁. 편관*

*無財星= 콤플렉스. 불통. 통박잼. 시장성 없는 정가

품. 비현실. 외교행상이다.

 ***재성설기**= 재고 처짐. 쓰던건 고장. 신체 고장난다.

 ***재왕 상관설기**= 술상무된다.

 ***財生殺**= 통치자. 총괄. 리더적 삶. 권한 주관행사. 영역-지식확장. 과로과중이다.

 ***財星劫財合**= 맞벌이 부부. 처갓집 복. 시댁 복이다.

 ***正財生官**= 출세지향. 공생관계. 공직. 시설 관리직. 핵심파악 능력자이다.

 ***財剋印**= 푼돈에 양심팜. 참모형. 전략가. 재테크, 부동산, 안전, 유통자산. 직업 없는 영업직. 권리 빼앗김. 나이 많은 상사 모신다.

 ***財多身弱**= 노숙사망. 의지부족. 처첩에 의지함. 껄덕거린다.

 ***貪財壞印**=(財旺) 방탕심리. 물질, 돈, 탐닉 쫓아 인격을 손상해서 돈벌이를 한다.

⊙ *편관격= 吉: 양인. 식상. 인성　凶: 정관. 재성*

정관격= 吉: 재성. 인성　凶: 편관. 상관

 ***無官星**= 자신못지킴. 절재력. 현실파악. 목표無. 독자사업. 프리랜서이다.

 ***관성설기**= B급선수. 물품반값. 정보유출. 공사대금

받지 못한다.

　***편관설기**= 不信심리. 개종함. 중요한 것 망침. 내가 모실 자가 없다.

　***官殺太旺**= 非夭則貧. 敵많다. 고독. 권위. 염세. 자격지심. 컨설팅이다.

　***官食鬪爭**= 행동적 변화. 관의구심점-내부보다 곁이 뭉괴. 위법탈법자이다.

　***官食合**= 대기업 입찰 받음. 비서직이다.

　***官殺泄氣**= 권리의 울타리 무너짐. 거래-공사대금 못 받는다.

　***官殺混雜하고 無財者**= 監禁납치 당한다.

　***官印多命**= 알아서 사가는 것. 브랜드 관련사업. 체인. 시댁귀신이다.

　***官泄印多**= 脫線. 명예 도용. 돈 못받음. 남 피해줌: 편법, 불법자이다.

　***官印相生**= 충성자. 상부상조. 업무 충실자. 닭살부부

　***殺印相生**= 운영자. 법인체. 법. 의료. 무관. 상담. 환경. 보좌관. 조사관이다.

⊙ *인격= 吉: 관살. 식상   凶: 재성*

*無印星= 직무불가. 비정규직. 사람 못 봄. 건망증-맹탕. 브래이크가 없다

*인성설기= 오해잘함. 자기방식의 판단. 짝퉁. 정보유출. 명예 도용당한다.

*印多命= 만년선비. 인색. 외골수. 언어폭력. 교주. 부모에 의존 놀고먹는다.

*印星泄氣=比劫이 太旺하므로 시샘-질투. 짝퉁. 이단에 빠짐. 명예도용 당한다.

*印旺官弱 女= 남편이 개 돌봄. 남편능력에 불만으로 환승한다.

*印旺無財 女= 음탕 화류계 운명이다.

*印旺과 財旺 財生官= 위정자이다.

格-用神의 成. 敗表

※격용신의 희신과 기신이다.

=用神=	=成格吉神=	=破格凶神=
용신일 때	사주에 좋은 희신	사주에 나쁜 기신
建祿.比肩格=	正官. 食. 印	劫財. 傷官. 財
	得比理財	
劫財格=	正官 . 食神	劫財. 傷官. 財. 印
	月劫用官.劫財合殺	無官-無食傷에 財逢
	月劫用食.食神守護	月劫印逢.月劫傷官逢
		劫財重重.群劫爭財
		姉妹剛强

陽刃格=官. 殺. 食神　　　比. 劫.傷官.印.無食傷財

　　陽刃用食.陽刃帶殺　　　天干印逢.比劫財剋

　　陽刃帶殺에 印이相神　干氣가傷官에 모임

　　陽刃用官　　　　　　　陽刃透殺合去

食神格=財. 殺　　　　　印. 官. 傷官

　　食用比肩.食用比劫　　食神逢梟(食身奪食)

　　食神財殺(兒能生母)　食神合官.食神合印

　　食神生財.　　　　　　食傷混雜.制殺太過

傷官格=印. 財. 殺　　　　比. 劫. 官. 食傷

　　傷官生財.傷官對殺　　傷官見官.比劫逢

　　傷官佩印.傷官合殺　　傷官傷盡(破了傷官)

　　　　　　　　　　　　　母衰子旺.食傷重重

財格=　官. 食. 傷. 印　　比. 劫. 殺

　　財生官(財滋弱殺)　　財生殺.財印合去

　　財命有氣(身旺財旺)　比劫逢.母慈滅子(印太旺)

　　財用食傷.財格佩印

偏官格=刃. 食傷. 印　　財. 官. 殺

　　　合官留殺.殺印相生　官殺混雜.官逢食傷

　　　七殺食制.殺用傷官　殺格財逢.殺重重逢.

　　　殺格用刃　　　　　官財同逢

正官格=財. 印　　　殺. 食傷

　　　正官用財.官印相生.　官殺混雜.官逢食傷.

　　　去殺留官.明官跨馬　盡法無民

印 格= 官殺.食傷.比肩.劫財 財

　　　印用官殺.印用比劫　財剋印.印授逢財

　　　印用食傷　　　　　貪財壞印

십신별 통변 비법

십신별 통변 비법

1. 比肩의 통변

男: 형제. 자매. 친우. 며느리. 처의 남자
女: 형제. 자매. 친우. 시아버지. 동서. 남편의 첩.

자유직. 공동사업. 주식회사. 중개업. 유통. 고위 공무
원. 기록적 운동

(비견 **장점**= 인덕. 평등. 협동. 발전. 경쟁. 주체의식)

(비견 **단점**= 무례. 손해. 이익분배. 타인부정. 현실 자
각부족)

비견은 항상 사리사욕을 배제하고 물질적인 양보심과 우의를 도모하므로 온건하고 평화주의자다. 협동적이고 아량이 있고 화합 잘하고 인정과 우정이 있다. 의지 굳고 노력과 독립정신 강한 반면 자존심과 이기적 강하다. 한편 비견은 직업생활이 어려우나 상사로서 통솔력이 강하지만 바른 말로 타인의 미움을 사기도 한다.

비견이란 인물관계로써 사람이 중요하고, 내면의 정신이 강하지만 외면적으로는 육체나 정신적 질환 발생을 한다. 그리고 재물과 처복, 부모와 인연이 약해 학업 등이 약하며 불평이 많다. 노력에 비하여 재물이 약하므로 항상 금전이 풍부한 것처럼 보이기 위하여 소비 지출이 많다. 그래서 금전을 다루는 직책은 위험이 따른다.

비견태왕 한 사주는 CEO. 부속기관 근무자가 많다. 사주에 비겁이 많은 사람은 지능이 발달되어 있다. 그러나 어려서 부터 강압적인 교육은 심성이 틀어지고 반항심을 일으키는 원인이 된다.

사주가 일간무근(日干無根) 즉, 일간이 지지에 뿌리가 없어서 신약하게 되면 자신의 말을 듣지 않는 꼴통이라 자신이 망한다.

일간이 뿌리가 없어서 칠살의 압력과 식상태왕 설기(洩氣)로 진퇴양난의 처지가 된 극설교과(極洩驕誇)로써 과로 환자가 된다. 그래서 이러한 명조는 잡기(雜技) 행위자들이 많다.

비겁은 남녀 모두 정신적인 면에서는 강하지만 외면적으로는 육체적 정신적인 질환이 발생한다.

비겁이 부재(不在)한 사주는 고독하다. 주관과 리더십, 협동심, 독립심, 자존감이나 자아의식(自我意識)이 약하다.

비겁이 많아서 재를 극하여 쟁재(爭財)가 된 사람과 대화를 하게 되면 우선 먼저 자기문제가 중요해서 자기 이야기만 하는 사람이다.

쟁재(爭財)가 되면 경영권에 참여하며 영역을 차지하는 경쟁자가 되고 이권경쟁이 많아진다. 사주에 비겁이 많고 오히려 재성이 없으면 재산가가 된다.

비겁과다(過多)한 사주는 독불장군으로 옹고집이며 비현실적이다. 비사교적이고 원칙을 무시하므로 불화와 배타성으로 사회적 지탄을 받는다. 개인적 전문직으로 생계를 이어가지만 재물과는 인연이 없다.

비겁이 많으면 가난한 집에 손님이 찾아오는 것을 의미를 하고, 인성(印星)을 설기하여, 재성(財星)을 극(剋)하므로 조실부모하고, 처와 재물을 손상하여 고독하고, 사업이 망하여 일찍 타향에서 유리방황을 한다하여 입산 출가하는 것도 최선의 방법이라 하겠다.

비겁이 많아서 태왕하면 비겁성군(比劫成群)이룬 사주라 하여 지구력과 인내력은 있으나 환경이 나쁘기 때문에 학문을 성취 못하는 경향이 있으나 칠전팔기(七顚八起) 정신으로 오뚜기 인생처럼 독학으로 학문을 성취한다.

독립사업 의.복.풍(醫卜風)등 자유업, 기능, 육체노동, 운수업 계통이 적합하며, 공동사업은 금물이다. 비겁이 강하다는 것은 재와 관이 약하다는 의미이다.

비견과 식상(比食)이 있으면 근면성에 참여 동행하고 인력과 실력 갖춘다. 일간 근왕(根旺)자는 주도자임을 뜻한다. 비겁과 식상이 없이는 물질적 사회적으로 크게 성공할 수 없는 본질이 된다.

사주의 비식(比食)은 몸에 밴 습성이며 같이 놀자 즐거워야 되며 변방 변두리이며 군소 집단으로 난무(亂舞)의 뜻을 가지고 있다.

사주가 너무 비겁식상(比劫食傷)으로만 이루어지면 파벌 분리의 특성을 갖는다. 그래서 비겁이 식상을 만나지 못하면 물질적 사회적으로 크게 공명(共鳴)을 이루지 못한다.

만약 비겁을 정인이(正印)이 생하고 있으면 실력 참여, 오행에 따른 개인적 능력과 학위, 인성이 비견이 없으면 기업 경영 연구가, 컨설팅가의 자질을 갖춘다.

비겁의 장점은 멸사봉공(滅私奉公)의 정신력이 있으며 자애적(慈愛的)인 면에서 근면성에 이르기까지 상당한 자부심을 지니고 있다.

명예심이 앞서는 탓도 있지만 잘해서 칭찬 듣고 이름나고 싶은 심리가 발동하므로 그로 인하여 정직하고 정의로우며 자신이 죽는 한이 있더라도 해보려는 욕망이 강하다. 또한 불행한 사람을 보면 자신의 불이익을 생각지 않고 자신도 모르게 도우려는 충동적 행동을 금할 길이 없다.

　비겁의 단점은 지나치게 독선적이고 고집이 세기 때문에 실패가 많다. 그래서 항시 불안한 생활을 하며 내면적으로 고독하고 경제적으로 고생이 많다.
　재능이 있어 진취적이나 매사 진실성이 부족하여 자만에서 오는 과신때문에 성급한 일처리로 실수가 많고, 인정에 끌려 손해가 많으며, 성격이 모가 나서 사회적으로 융화가 어렵다.

　비겁이 많아 군비쟁재(群比爭財)가 되면 "손처파재(損妻破財) 약유파겁(若有破劫) 반위성복(反爲成福)이라" 많은 비견 겁재가 재성을 놓고 다투기 때문이다.

　　　丁　丙　甲　丙
　　　酉　戌　午　午
　(재벌.68세 경자대운 子대운에서 사망)

　자매강강(姉妹剛强)역시 많은 비견 겁재가 재성을 놓고 다투고 있다는 뜻으로 두 자매가 한 남자를 섬긴다. "이부동녀(二夫同女) 부유별실(夫有別室) 동가서숙(東家西宿)이니라" 즉 남편외도(外桃), 일부이녀

(一夫二女)투쟁, 고부(姑婦)갈등 운명이다.

그래서 비겁태왕, 인성태왕, 재다신약 여자는 시부모 간에 불화가 많은 것이다.

알아둘 것은 군비쟁재는 남명에게 사용하고 자매강강은 여명에게 사용하는 말이나 비겁이 태왕하여 재성(財星)를 극하는 것은 똑같다.

丁 戊 辛 己　　丁 辛 庚 癸 첩꼴봄
巳 午 未 未　　酉 酉 申 丑

많은 재성을 비겁으로 다스리는 득비리재(得比理財)가 있다. "형재득령(兄弟得領) 행운파겁(行運破劫) 불식재화(不息災禍)로다" 사주가 재다신약(財多身弱)이 되었을 때 비견과 겁재의 힘을 얻어서 많은 재성의 극성을 다스리는 것이다.

庚 丙 丙 辛
寅 午 申 酉
(임진대운 경자년에 子午 根沖으로 사망)

비견이 운세에서 흉하게 작용을 하면 자각 부족, 타인부정, 무례, 다툼, 가정파탄, 중단, 손재, 쇼핑 등으로 손실(損實)이 크게 일어난다.

비견년 운세에는 사회성을 띈 일이거나 타인과 인연으로 거래상 유대를 맺는 일이 생긴다. 동업을 시작하거나, 금전상 지출이 심해지고, 확장으로 자금 압박을 받거나 채무독촉이 생긴다. 결혼할 남녀는 서로 자존심과 고집으로 지연이 된다.

비견겁재의 운이 되면 집장만하고 큰 보험도 들고 급하지 않아 생색을 내기도 하며, 매매도 하고, 의외의 유대 관계나 객식구 거둘 일이 생긴다.

시세 물정을 너도나도 서로 모르는가 하면 돈은 있는데 물건이 없는 현상들이 벌어진다.

그리고 비겁 운에는 정신적 물질적 불안, 가정 내에 심각한 문제와 이성간에 고뇌 생긴다. 특히 형제 친우로 하여금 재산 명예를 도움 및 분탈 당할 일들이 발생하고 동업자로 인하여 투쟁 또는 협력관계가 이루어진다.

가정에서는 부부간에 불화 또는 처의 질병이 발생하는데 남녀 모두 이성 간에 삼각관계가 발생한다. 출가여명은 시아버지의 관계와 문제가 있다.

비겁이 태왕한데 운에서 또 비겁을 만나면 부모를 한 꺼번에 잃게 될 것이며 사주에 식상과 재성이 있다면 고생이 되더라도 가족과 함께할 수는 있으나 식상이 없으면 생명 연장이 어렵다. 생명 연장을 위해서는 백 팔 염주라도 들고 명산(名山)에 있는 불전(佛前)에 매 달려야 한다.

2. 建綠의 통변

대 문호. 대 어른. 문관. 경쟁. 명예직. 문파다툼. 당파
다툼.

건록과 양인격 사주가 천간에 비견이나 겁재가 투출
하면 전문 자격증을 갖는다. 그렇지만 비겁과 쟁재(爭
財)의 원인이 되기 때문에 반드시 큰 파산을 겪게 된
다. 만약 파격이 되면 투기 도박 승부사업에 빠진다.

건록과 양인격이 강한 인성과 함께 있으면 의병을
일으키는 반역자의 운명이다. 그래서 옛날에는 출생
과 동시 나라에서 죽였다는 속설이 있다.

건록격과 양인격은 진보적으로 승부와 명예에 목숨
을 바친다.
대중 속에 고독자이며 공황장애가 있으며 극단적인
결정으로 흐른다.

건록격이 정관을 만나서 성격(成格)이 되면 공적수
행, 무관은 서생(書生)이 되며 명예로 돈을 생각하지
않는다.

건록격이 정관과 합을 하지 않으면 관록을 갖지 않은 청백인(淸白人)이 된다.

건록격이 인성을 만나면 임무수행 지속 잘하나 인성이 없으면 공황 장애가 많아진다.

건록격이 관성이 인성을 생하고 상관을 보면 공력(功力)이며 교화능력자이다.

건록격이 재성이 있어서 관성을 생하면 직위를 얻는다.

* 건록 월겁재격(建祿月劫格)의 성(成) − 패(敗)

建祿 比肩 ＝(成: 正官.食.印) − (敗: 劫財.傷官.財)

劫 財　＝(成: 正官.食神) − (敗: 劫財.傷官.財.印)

건록이란 월지가 건록에 해당되는 경우를 말한다. 하지만 천간에 투간한 비견을 두고는 록(祿)이라고 하지 않으며, 월건록과 월겁재는 동일한 격으로 볼 수 있어 굳이 나눌 필요가 없다.

또한, 월지가 건록이나 겁재에 해당이 되더라도 월지장간의 천간이 천간에 투간하게 되면 용신이 되지만, 일간이 음간(陰干)기운일 때는 사정이 다르다.

일간이 음간(陰干)기운이면서 월지장간이 일간과 같은 경우에는 월령이 아닌 다른 곳에서 용신을 차용하여 사용해야만 하기 때문이다. 이때는 정관과 재성, 식신이나 상관이 차례로 좋지만 이때에도 재성을 용신으로 취할 때는 반드시 식상이 있어야만 패(敗)가 나질 않는다.

월지장간이 투간한 것이 아닌 다른 천간이 투간한 기운들 중에는 임으로 용신을 정한 경우에는 용신이라기 보다는 가용신(假用神)이라고 보는 것이 옳다.

건록월겁격의 기본적인 성격(成格)과 패격(敗格)을 두 가지의 경우로 크게 나눠보면 우선, 월건록과 월겁재에는 정관을 만나는 경우 성격이 되고, 월건록과 월겁재는 식상이 없이 단독으로 재성을 보든지, 겁재나 인성을 보게 되면 패격의 요인이 된다.

3. 劫財의 통변

男: 형제. 자매. 친우. 며느리. 이복형제

女: 형제. 자매. 친우. 동서. 시아버지. 이복형제.
　　남편의첩

　개척. 채권. 투기업. 農水山. 기술자격 운영. 건물관
리. 고물상. 노조

　(겁재 **장점**= 목표의식. 도전정신. 자위능력. 급속발
전. 뒤끝 깔끔)

　(겁재 **단점**= 과욕. 오만독선. 이기주의. 외골수. 급속
퇴보)

　(비겁의 **장점**= 정신력 자애심 근면성에 자긍심이 강
하고, 정직과 의리로 자신이 죽는 한이 있어도 의욕을
발휘한다)

　(비겁의 **단점**= 지나친 독선과 고집으로 가난과 고독
초래. 망한다)

겁재의 특성은 자치운영자이다. 군중심리에 편승하고 물질보다 인간위주의 생활철학인 인간나고 돈났지를 가지고 있다.

상호간에 정의와 유대관계를 위하여 부(富)를 위한 경쟁에 참여한다. 지위에서 부(富)를 창출하고 솔직 담백 허식이 없다. 자신만이 휴식 공간을 찾는다.

소유에 대한 집착이 강하나 과감히 놓아 버린다. 솔직하고 겉으로 꾸밈이 없으며 진취적이고 투기성과 모험심이 있다. 노력하여 벌지 않고 투기성과 요행심을 바라며 욕심이 많고 노름에 관심이 많다.

겁재는 상대를 노고에 대한 보답 꼭 한다. 곧 죽어도 아쉬운 소리 못하면서 심적으로 매우 외롭다.

겁재가 중화가 되면 문제해결 위탁을 받으며 연대책임에 일인자가 된다.

비겁태왕 사주는 부동산소유 부자들이 많다. 독립사업, 자유업, 기능계통, 의복풍(醫卜風)적합하다.

겁재가 태과하면 성질 고강(高强)하나 외소내사(外笑內邪)하고 졸렬하다. 가난한 집에 손님이 찾아오는 것을 의미한다.

겁재와 양인은 생가를 떠나고 겉으로 보기에 겸손하고 온화하게 보이며 의리와 인정을 나누는 듯하지만 내심으로는 자비심이 없고 가혹하며 웃음 속에 칼이 담겨있다.

겁재와 정인이 있으면 자기재능을 공동화 한다. 겁재에게 인성 설기되어 짝퉁이 된다. 또 겁재가 인(印)이 없게 되면 상대의 정보에 어둡게 된다.

겁재와 상관이 있으면 고정 유통을 탈피하고 로비 잘하는 통상구조이다.

겁재와 정재는 공동관리 공동 경영 분할 관리 상권분리이다.

겁재와 정관이 있으면 직영 통치 제도권 하나로 뭉친다.

겁재를 재생관(財生官)인, 재성의 생을 받은 정관이 겁재를 제거하게 되면 능력이 검증되었다고 하여 사회를 위한 공명(公命)이 된다.

己 戊 癸 乙　　　庚 乙 甲 戊
未 子 未 卯　　　辰 丑 寅 申

겁재합살(劫財合殺)로써 겁재와 칠살이 서로 합하고 있으면 직무 대행. 제한된 행위자이다. 부정적 역할의 일을 주는 것으로 나라에서 허가권, 단체 행동권을 줘서 어느 일정한 심판할 권리를 주어지게 되는 것이다. 만약 겁재가 편관보다 왕하면 개인행위로 빈축을 사게 된다.

겁재합살이 되면 머리가 비상하고 주변에 친구나 동료들의 인덕이 있는 명조가 된다. 편관격이 비겁이 많아도 역할은 대동소이(大同小異)하다.

辛 戊 甲 己　癸 壬 甲 戊　壬 癸 癸 庚(갑부)
酉 寅 戌 未　卯 子 子 午　子 酉 未 寅

겁재가 흉운(凶運)으로 오게 되면 오만독선으로 가족을 잃고 과욕, 손재, 겁탈, 책임보상, 사업파산을 한다. 겁재 운에는 부도, 사기, 도난, 이별이 발생한다.

겁재 운에서는 특별히 돈 쓸 일이 생긴다. 부득이 인간 관계로서 손실이 생기고, 금전상 압박이나 채무 독촉 등으로 관재수가 따른다. 본인의 신변상에 갑자기 질병이 생기기 쉽다. 결혼은 오만 불손의 고집으로 혼인을 놓친다.

비겁이 왕한 사주가 비겁 운을 만나면 인성은 자동적으로 왕해진다. 그로 인해 두뇌신경이 이상해질 가능성이 많아 엉뚱한 일을 저질러 패가망신까지 자초하게 된다. 즉 정신면에서 대단히 거칠어지고 대담해져서 탐하는 마음으로 인한 범죄를 부른다는 뜻이다.

비겁운에서 동료들과 동업이나 신규 사업도 하겠지만 주로 정신과 물질적 불안, 가정적 심각문제, 이성 고뇌, 객식구 재산 명예 분탈, 동업, 경쟁, 협력관계, 부모와 불화, 사업실패가 많다.

*월겁재 成格들
　월겁용관: **무오 기미 무인 을묘**
　겁재합살: **무오 기미 무인 갑인**
　월겁용식: **기미 을해 계미 계해**
　식신을 지키는 경우: **무오 신유 경신 임술**

*월겁재 破格들

　무과, 무식상에 재를 만난 경우: **계사 기미 무인 무오**

　인을만난 경우: **임인 임자 계묘 경신**

　상관을 만난 경우: **무신 기미 무술 신유**

　겁재가 重한 경우: **무진 기미 무술 기미**

4. 陽刃.羊刃의 통변

군. 경. 검. 투쟁경쟁. 의료. 활인술. 사냥 칼을 쓰는
업. 특수업종

겁재와 양인은 생가를 떠난다. 겉으로 보기는 겸손하고
온화하게 보이고 의리와 인정있는 듯하나, 내심은 자비
심이 없어서 가혹하며 웃음 가운데 칼을 품고 있다.

*양인격(陽刃格)의 성.패(成敗)
陽刃格=(成: 官.殺.食神)(敗: 比.劫.傷官.印.無食傷財)

양인이란 원래 재물을 겁탈한다는 날강도와 같은 겁
재이다. 그래서 겁재양인이라고 하는 것이 정상이지
만 줄여서 양인이라고 하거나 그냥 인(刃)이라고 부
르는 경우가 많다.

양인은 흉신이기 때문에 극제하는 것이 당연하므로
정관이나 칠살로 제하는 것이 좋다. 그러나 겁재와
달리 칠살로 극하는 것이 가장 좋다.

양인격에서는 칠살을 만날 경우에는 재성과 인성을
함께 보는 것이 좋다.

편관이 칠살을 살려 두어야 하는 특별한 경우가 있다.

첫째 양인격일 때.

둘째 합관유살(合官留殺)일 때.

셋째 인성격일 때.

넷째 상관격이나 식신격에서 재성을 만나지 못한 경우.

양인격의 성과 패는 양인격이 칠살을 보아야 하고, 차선으로 정관이다. 그리고 양인격에서는 식상이나 칠살과 정관도 없이 단독으로 재성을 만나면 그 자체로 패격이 된다.

또한, 양인격에서는 천간에 겁재가 머리를 내밀면 격이 떨어진다. 그 이유는 투간한 겁재가 칠살을 합거하여 가장 귀하게 써먹어야 할 자를 묶어 버리기 때문이다. 그래서 양인격에서는 겁재가 머리를 내미는 것을 좋지 않게 보는 것이다. 만약 그렇지 않으면 대운에서 칠살이나 정관을 만나야 성격이 된다. 만약 양인격이 관성을 보아 성격(成格)의 명조가 되면 공명을 이룬다.

양인격 成格

陽刃帶殺: **경신 기묘 갑진 계유**

양인용관: **임신 계묘 갑인 신미**

양인용식: **계해 을묘 갑인 병인**

양인帶殺에 印이 相神인 경우: **정사 계묘 갑신 경오**

양인격 破格

양인이 투출하여 살을 합거한 경우:

무신 을묘 갑진 경오

(옹고집, 과욕, 인덕 무, 남편덕 무, 경쟁패함 취업 진급좌절)

비견과 같이 재를 극하는 경우: **무진 을묘 갑인 갑술**

천간의 기운이 상관에 모인 경우: **갑진 정묘 갑인 갑진**

천간에서 인을 만난 경우: **계사 을묘 갑오 계유**

봉인.극식상 패= **임인 기유 신유 계사**

양인투.봉인 패= **무오 신유 경자 무인**

겁재투 패= **을묘 무자 신축 경인**

※월겁재 成格들이다.

월겁용관	겁재합살	월겁용식	식신을 지킴
乙戊己戊	甲戊己戊	癸癸乙己	壬庚辛戊
卯寅未午	寅寅未午	亥未亥未	戊申酉午

※월겁재 破格들이다.

무관,무식상에 財逢	印逢	상관만남	겁재중중
戊戊己癸	庚癸壬壬	辛戊己戊	己戊己戊
午寅未巳	申卯子寅	酉戊未申	未戊未辰

무관, 무식상에 재봉(無官, 無食傷에 財逢)

대출 대부업 吉. 친근자에 재물손실. 妻財와 인연無.
비현실적이다.

상관을 만남=

인덕 동료 자녀덕無. 상사무시. 조직파산. 도벽. 주벽.
폭력. 위법

※양인成格들이다.

양인대살　양인용관　양인용식　양인대살에 상신인 경우

癸甲己庚　辛甲癸壬　丙甲乙癸　　　庚甲癸丁

酉辰卯申　未寅卯申　寅寅卯亥　　　午申卯巳

※양인破格들이다.

양인투출합살　비견과 재를 극함　상관에 기운모임　印逢

　庚甲乙戊　　　甲甲乙戊　　　甲甲丁甲 .　癸甲乙癸

　午辰卯申　　　戌寅卯辰　　　寅寅卯辰 .　酉午卯巳

5. 食神의 통변

男: 조모. 외조부. 장모. 사위. 손자. 생질녀.
女: 조모. 외조부. 자녀. 편조모

학자. 교사. 교육. 종교. 방송인. 아이디어. 연구실력. 정비업체. 유아업. 복지사업. 서비스업종. 식품의약 생태. 식품의약 관련업.

(식신 **장점**= 낙천적. 성실. 배려. 지구력. 보호능력. 베풂. 연구)

(식신 **단점**= 무사안일. 비효율. 무관심. 저속. 악감정 지속)

식신은 다시 태어나는 별이나 남자는 자녀를 극하고 여성에게는 애정의 별이다. 많은 대중에 봉사정신 또는 소박하고 순수한 여인, 부하, 어린이, 대중을 의미한다. 그리고 여자는 남편을 극하는 신이나, 비화(秘話)를 낳게 하는 창조적 가치를 의미한다.

식신이란 유형지기(有形之氣)라 하여 우선 먼저 음식을 좋아하고(好食), 낙천적 쾌락과 풍족한 물질생활에 취미를 가지고 있어 자유로운 환경을 상징하고, 상관은 규제가 있는 환경을 말한다.

　식상으로 인맥 관계를 살피고, 관살로써 운용 능력을 보는 것인데, 식상에서 비겁은 인성이다. 그래서 식상은 비겁이 없이 존재할 수 없으며, 사주에 식상이 많으면 본신을 설기하고 관(官)을 손상하므로 반드시 재성을 보아야 한다.
　재성을 만나지 못하는 관(官)과 비겁을 만나지 못한 식신은 남의 말 듣지 않거나 잘못 들어서 패망하고, 평생 관운과 직업 없이 방황을 하게 되고, 남자는 자식과 여자는 남편과 인연이 없어서 고독하다.

　식신이 천간에 투출(透出)한 사주는 풍류를 좋아하고 성격이 원만하나, 식신이 태과하게 되면 고집이 세어 걱정이 된다. 천성이 온후 단정하고 원만하여 명랑 담백하며 이해성과 사교성이 풍부하고 활동력이 있으면서 음식을 잘 먹는다.
　만약에 식신이 형. 충 또는 편인에 파극(破剋)이 되어 있으면 신체가 외소하거나 척추나 관절에 손상을 입게 된다.

식신격은 명랑하고 낙천적이며 사교성이 좋다. 우유부단 하나 준비력과 대비력이 있어서 연구가이며 생산적 위기 관리직에서 자기 실력가이다. 특히 근면 성실하여 노후 대비를 위한 일하는 귀신이라 한다.

식상격은 본질이 정주고 골병들어 건강을 해치고 친절하게 해주고 오해를 받고 쓰러지는 것이다. 성공을 했다 하더라도 사람들이 벌떼처럼 몰려와 괴롭힌다. 그래서 사전에 불행한 사람들을 도와주는 적선(積善) 바람직하다.

식상격이 있는 명조가 재성이 없으면 재주는 있으나 가난하다.
식상격에 관성이 약하고 인성이 강하면 공부로 성공을 하나 그로인해 건강을 해친다.

식상의 장점은 솔직하고 정의롭다. 다정하고 진취적이며 착하며 활동적이다. 의욕, 열성, 학력 형이며, 강자에 저항, 약자에 순하다.

식상의 단점은 바른말 잘하고 적당주의는 눈에 가시다. 물질면 보다 정신면이 더 강하다. 반항기질과 불의불견(不義不見)하며 불의(不義)에 즉각 대처하여 쓸데없이 오지랖으로 손해를 본다.

식상설기(食傷泄氣)란 식상격이 태약(太弱)해진 것으로 식상이 많은 재성으로 설기가 되어 있는 명조다. 식상이 가지고 있는 자신의 능력을 쓰지 못하는 것이다. 만약 상관이 정재에 상관설기가 되면 변화하는 세상을 읽지 못하나, 상관하지 아니하고 주변의 역할로 일이 성공가도를 달린다.

만약 식신이 편재에 식신 설기가 되면 사업일의 확장에 몰입해서 내실을 다지지 못한다는 것인데 무리한 확장에 건강을 등한시하기도 한다.

본래 타고난 명조에서 식상자체가 쇠약하면 재성이 약하다. 그래서 시세흐름인 시장성에 어둡다. 초점을 맞추지 못하여 재물을 모으지 못하고 빈곤하며, 이사가 많고 동분서주 바쁘기만 하다. 매사에 집념이 부족하고 남녀간 이성 문제로 곤경에 처한다.

식상태과(食傷太過)란 일간은 쇠약하고 식상이 많은 명조인데 식상태과가 되면 한가지 일에 집중을 못하고 이것저것 일만 벌리지 성과가 없다.

일간설기(日干泄氣)라 하여 만성지병과 결정 장애

가 일어나며 왕고집이 있어 이롭지 않은 일에는 한가
지 일로 끝장을 보기도 한다.

식왕신쇠(食旺身衰)를 모쇠자왕(母衰子旺) 즉 모체
가 되는 일주인 나, 어머니가 신약하고 허약한데 식신
상관인 자식들이 득실득실 많다는 뜻이다. 이런 사주
는 반드시 인성이 약하게 되어 있다. 그래서 식상운이
또 오면 더욱 흉하게 된다. 그래서 식상이 너무 많은
사주는 여자는 남편 복이 없고 무자식 상팔자이며, 남
자는 무위도식(無爲徒食)하는 사람이다.

己 丁 己 己
酉 丑 巳 丑

火대운 발복, 金운은 재다신약운, 戌대운 死

식신제살격(食神制殺格)이 된 명조는 식신이 무서운
칠살을 제압하는 것이다. 자신의 재치와 스킬, 능력으
로 어려운 난제를 다스리므로 고정 직위없이 자율권
과 조직에 변화무쌍하다.
국가를 지키기 위해서 백성을 다스리므로 전문 업종
에서 홈런을 친다. 만약 신약하면 남의 눈치를 살피며
살아간다.

식신제살격이 신왕하면 선출직 통솔직이나 연구 개발자, 방위 환경, 의약, 도축, 활인업(活人業), 종교, 봉사, 변호사, 특성화 허가, 현실문제 사건 해결의 직업을 갖는다. 단 노후대비를 해야 하며 무위도식(無爲徒食)의 근성을 버려야 한다. 식신제살과 도식 사주가 되면 무허가 업종을 선호한다.

辛 己 乙 乙　　己 癸 乙 戊
未 巳 酉 巳　　未 亥 卯 午

제살태과격(制殺太過)은 많은 식상에게 극을 당하여 관성이 죽게 되었다는 뜻으로, 백성을 구한다는 명분으로 나라를 능멸하게 된다.

제살태과란 귀중하게 써야 할 편관의 헌법과 공권력이 많은 식상 묵사발이 되어 무너진 사주다. 반란을 일으키는 운동권이나 사회운동으로 시민 이끌게 된다.

이런 명조가 또다시 식상운을 만나면 죽게 되는데 이것을 법이 통치권을 잃어 따를 백성이 없다 하여 진법무민(盡法無民)이라 한다. 수명을 다하게 되고 반대로 살을 통제하는 자인 식상을 인성으로 제거하면 대발하여 귀한 자리에 오른다.

癸 庚 壬 丁　　辛 庚 壬 丁
未 子 寅 丑　　亥 子 寅 酉

식신생재(食神生財)는 식신과 상관이 재성을 생하고 있는 명조로서 유형상품 업종이다.

자기능력 직업 활동 현장능력 미래적 유지 관리를 위한 재능을 연구 개발한 실업계, 식품류, 양조사업, 요식, 숙박, 환경에서 활용 적용한다. 특히 식신생재. 식상용재는 실업계 진출 많다. 제조, 여관, 음식 품목으로 성재(成財)한다. 식신생재는 언제 어디서나 누구에게도 환영을 받고 척척 유통이 됨으로써 광고, 선전이나 설명, 수단, 요령이 필요없는 대신 강력한 모험심을 키우는 것이 필요하다.

식신격이 편인에게 극을 당하면 도식(倒食)이다. 편인이 수명과 복을 상징하는 식신을 극하므로 갑자기 강도를 만난 것과 같다. 일명 굶어 죽는다는 뜻이다. 일단 부모의 혜택을 받지 못하고 사회적으로는 소통이 부족하다. 여가성 직업과 잡기분야 업종이나 활인공덕의 직업을 갖는다.

식신격이 官과 合은 公任, 입찰회사, 연대사업, 생산

납품 판매 대리점이다.

식관이 합을 할 때, 官旺 食弱은 과열경쟁 관공서와 인연이다.

식관이 합을 할 때, 官弱 食旺은 미분양 인기 없는 곳 서민층이다.

식신격이 일주가 왕하면 상품 서비스. 자기실력. 주도적 활동. 협동

식신격이 비견이 왕하면 경쟁능력. 팀워크 구축 활동. 타인의 악재 해결자이다.

식신격이 인성이 왕하면 재능서비스자이다.

식신격과 비견은 도구-장비. 지구력. 체력. 생기 넘치다.

식신격과 재성은 판매 제품. 영업 메뉴이다.

식신격과 관성은 납품公物. 公任. 식상태왕하고 관살

이 약하면 관급 일 손실. 매사뒤끝 불만. 문제해결. 정치적. 따지기쟁이-財印은 시장성논리자이다.

식신격과 편관은 방어 기구체. 맏아들 역. 근약(根弱)은 자식 잃는다.(식왕관약: 제품불량)

식신격과 인성은 기부제품. 구제품. 제활 복구제품. 봉사활동가이다.

식신격과 刑 沖은 양식사업. 고기잡이 및 도축사업. 식품 가공사업이다.

식신격이 재성과 역마 지살과 합이 되면 해외영업이다.

식신격이 水재성이면 음식사업. 숙박업. 유흥업. 목욕탕. 양조업. 무역이다.

식신격이 火이면 전기업. 아이티사업. 통신업. 전자제품이다.

식신과 재격이 金이면 철물. 금속 공업. 금은 세공.

광산. 석재사업이다.

식신과 재격이 土이면 미곡. 토지. 농업. 농작물. 건축 토석. 토목사업이다.

식상격이 재성과 관살(財官)이 강한 명조이면서 대운이 나쁘게 흐르면 방탕한 생활을 하기가 쉽다.
식신생재가 재생살(財生殺)이 되면 자신의 업적을 권위로 얻고자하는 상승효과가 있다.

戊 壬 丙 甲
申 午 寅 寅

식신생재하여 재극인(財剋印)이 되면 풍요로움 보장 안전 자산권 금융 투자한다. 부부는 각각의 생각으로 각자의 생활을 하게 된다.

庚 壬 丙 甲 　 丙 癸 己 庚
子 午 寅 寅 　 辰 巳 卯 戌

식신이 흉(凶)운일 때 무사안일. 자녀근심 생식기 질환 구설시비 중단 사기 중독사건이 일어난다.

식신운이 오면 행복해지고 싶고 매사 즐거워지고 싶어 할 때이다. 실직자는 직장 얻게 되고, 공직자는 영전의 기쁨이 생기며, 사업 활동이 활발해지고 신규 사업 개척하는 일들이 발생한다. 주택의 증개축이나 뒤집기를 교환 활동이 일어난다.

결혼운에도 좋으며 특히 여명은 자녀를 생산하거나 자녀로 인하여 경사스러운 일이 있게 된다. 만약 사주 중에 편인이 강하여 유기(有氣)하면 위의 좋은 일들이 수포로 돌아가는 경향이 있다.

식상운에서 재투자. 개발 진행 물건. 되치기 즉, 사고 팔고 목적 매매한다.

식상운은 아무리 잘살고 남보기에 성공했다 하여도 마음 깊이에는 남모르는 번뇌 고독 소외감을 느끼고 있다. 경제적 욕구가 강하게 작용하며 먹고 놀고 즐기고 싶으면서 희신이든 기신이든 감기 몸살, 두통, 요통, 신경쇠약, 간질 증상이 일어난다.

*식신격의 성(成)과 패(敗)
食神格= (成: 財. 殺)　(敗: 印. 官. 傷官)

식신격이란 일간의 입장에서 봤을 때 월지(月支)가 식신에 해당하는 경우나 투간한 월지장간 즉 용신이 식신인 경우를 말한다.

식신격에서는 재성을 만나든지(食神生財), 칠살을 만나면(食神帶殺) 성격이 된다. 그러나 식신격에서는 정관과 인성을 만나면 패(敗)가 나고, 상관을 만나면 격이 떨어진다. 식신격에는 특별한 네 가지의 경우가 있다.

첫째 식신을 단독으로 쓸 때(명조에 재성이나 편관인 칠살이 없는 경우), 재성운으로 흐르지 못하면 가난하게 산다.

둘째 식신대살(食身帶殺)의 경우 식신이 약하면 식신을 돕는 운으로 흘러야 하고, 칠살이 약하면 칠살을 돕는 운으로 흘러가야 한다. 그러나 식신과 칠살은 왕한데, 일간이 무력하면 요절(夭折)하게 된다.

식신은 일간의 기운을 성하는 기운이고, 칠살은 일간을 극하는 기운이기 때문이다.

식신제살이란 "일장당관 군사자복(一將當關 群邪自伏)"이라 한 명의 장수인 식신이 많은 적의 편관을 스스로 굴복시킨다는 뜻이다. 그래서 신약해지는 일간을 인성이 옆에서 돕거나 인성운을 만나야 공을 세운다.

셋째 일간의 근(根)이 미약하거나 없을 때, 칠살과 인성을 함께 만나면 용신인 식신을 버리고 살인(殺印)을 쓴다는 것이다. 이럴 경우에는 인성운을 좋아하고 재성운을 꺼린다. 그러나 신왕하면 식상운과 관살운이 좋다.

넷째 사오(巳午)월의 갑을목(甲乙木) 즉 여름의 나무는 인성이 투출하더라도 방해가 되지 않는다. 오히려 북방 수(水)운에 발복하는데, 해자(亥子)월의 경신금(庚辛金) 즉, 금수식신격(金水食神格) 역시 남방 화(火)운에 발복을 한다.

※食神成格들이다.

식신용재	식신제살	겁재(비견)가 인으로부터 용신보호	
丙癸乙癸	甲戊庚戊	戊丙丁甲	甲丙丙戊
辰巳卯丑	寅午申戌	戌申巳辰	午申辰寅

兒能生母(식신제살):
갑신 병인 갑신 경오. 계묘 을묘 기묘 신미

※食神破格들이다.

食神逢梟 식신합관 식신합인 식상혼잡 제살태과(화토왕)
辛癸乙癸　丁庚壬庚　庚癸乙癸　甲癸乙癸　임병병임
巳亥卯丑　丑午辰申　申申卯亥　寅亥卯亥　진오오진(술운死)

식신봉효(食神逢梟)란 부하덕 상사덕 무, 굶주림, 재능 썩임, 속고 속임이다. 식신이 용신인데 인성을 만나는 경우는 밥그릇이 뒤집어지는 도식(倒食)이라 한다. 이를 효신탈식(梟神奪食) 또는 식신봉효(食神逢梟)라 하는데 부모의 과잉보호로 개팔자가 되는 것이다. 윗사람이나 공부 모친으로 인한 흉함이 있게 되는 경우이다.

식신합관= 상사덕 무, 귀덕(貴德)무, 得夫빈곤, 명예 얻으려다 실추한다.

상관견관패= 을묘 신사 갑오 정묘. 기미 을해 임오 계미.
상관투.상관견관패= 을묘 신사 갑술 정묘

상관투패= 임술 임인 임오 을사

식신제살패 = **무오 갑자 임자 계묘**

봉재.상관패 = **신유 갑오 무진 계해**

   월지격에서 용신을 정하는데 지장간이 천간으로 용신으로 투출하지 않고 월지에 머물러 있는 경우에는 월지 그 자체 월지 위주로 보고 천간에 월령이 투출할 때는 본명 천간의 기운과 대조하여 성패를 가려본다.

   아래 예문은 천간에서 丙,丁화가 투출하면 식신격이 재격으로 변격이 되지만 연, 월, 일에 투출해 있는 壬수들에 의해 재화(制化)되므로 패(敗)가 된다.

壬　壬　壬　壬
寅　寅　寅　寅

6. 傷官의 통변

男: 조모. 외조부. 장모. 손자. 생질녀. 첩모
女: 조모. 외조부. 자녀.

**흥행가. 예능계. 연예인. 언어필설. 교육강사. 군. 경.
신문방송. 응용력. 도전경쟁. 창작개발. 관광업. 유아.
서비스업종.**

(상관**장점**=아이디어. 예리함. 임기응변. 창작모방.
실행력. 패기. 정 많음)

(상관**단점**=변덕. 질투. 싫증. 무책임. 실수연발. 조직
파괴. 언행불손. 파직)

(식상**장점**= 착하고 솔직하고 정의롭다. 다정하고 진
취적 활동가다)

(식상**단점**=말잘하고 적당주의자는 눈에 가시. 반항
기질, 不意不見)

식상격은 무형(無形)의 발설지기(發洩之氣)가 넘치

므로 정도(正道)를 해치는 특성이 있다.

남을 피곤하게 만든다. 주변 사람들을 언행불합(言行不合)으로 병들게 하고 자신도 병든다. 거침없는 말을 하면서 자신은 나쁜 말을 들으면 즉흥적인 방어의식이 작용을 한다. 신경을 곤두세워 직사포를 쏘는 성품이다. 만약에 성공했다 소문이 나면 사람들이 벌떼처럼 달려와 아부하며 괴롭힌다.

상관이 태왕하면 교만하나 숨김이 없고 말이 많은 다변(多辯)가이다

상관격은 다재다능하고 총명 영리하며 선견지명이다. 자기 평가자이며 허영심이 많고 매정하고 반항적이다. 의협심과 승부욕이 강하므로 규제와 구속을 싫어하며 비밀을 지키지 못하고 금방 전달한다.

상관격의 특징은 학문 예술 음악 등 예술적 방면에 소질이 천재적이다. 다방면에 재주꾼의 운명이나 남난 여난다(男難女難多) 빈곤지명(貧困之命)이다.

식상이 없으면 식상부재(食傷不在)인데 실수하지 않지만 책임감에 약하고 비합리적이며. 불평불만이 많아 늘 죽는 소리를 하며 가슴에 맺힌 한으로 늘 침울하다. 몰인정하고 인덕이 없고 융통성과 애교가 부족

하다. 추진력 표현력 전달능력이 약하다. 직업은 유통 가공계통이 좋다.

식상이 많아 태과하면 식상과다(食傷過多)하여 자기 잘난 맛으로 살아가는 무법자로서 교만하다. 안하무 인이며 상사를 무시하고 말이 많아 다변설화(多辯舌 禍)하고 오지랖에 유시무종 극단적 감정이다. 배신 잘 하고 직업이 불안정하며 잡기에 빠진다.

또한 식상이 많아 편관을 짓밟는 것을 제살태과(制 殺太過)라 하여 시민이나 재야 단체가 정부를 능멸하 고 반란을 일으키는 것과 같다.

남명은 관살이 지나치게 제극을 당하므로 하루아침 에 직업을 잃게 되고 그 자녀 또한 불구 횡사함이 많 고 또 제화(制禍)로 힘을 펴지 못하므로써 소실득자 (小室得子)함이 많다.

여명은 관살은 남편이므로 남편이 연속 극을 당하 여 상하는 형상이다. 그래서 남편이 살아남기가 어려 워 청상과부(靑箱寡婦)가 되거나 남편이 무능력하기 쉽다.

이런 명조가 또다시 식상 운을 만나면 죽게 되는데, 이것을 법이 통치권을 잃어 따를 백성이 없다 하여 진법무민(盡法無民)이라 한다. 수명을 다하게 되고 반대로 살을 통제하는 자인 식상을 인성으로 제거하면 대발하여 귀한 자리에 오른다.

상관패인(傷官佩印)이란 상관의 흉신이 인성을 만나는 것을 말한다. 상위등급 국가의 검증 등록 인증이며, 공공업무 교육자 상하 화합이다.

상관패인은 사회적 약자를 보호하고, 고치고, 인도하고, 교화하고, 권리회복 시키기 위해서 사회적 약자편에 서서 도와주는 사람 아랫사람을 상대한다. 만약 상관패인이 관(官)이 없는 정인(印授)은 허가권, 자격권을 따서 자영업으로 개업을 한다.

상관패인이 명조에 관(官)이 있으면 학력이나 경력을 많이 쌓아서 교육자 또는 강사, 컨설팅 등 전문가로써 공공기관에 근무하는 대행자의 운명이다.

丙 己 庚 戊
辰 卯 申 午

상관생재(傷官生財)란 재성과 식상이 용신과 희신이 된다. 무형 상품업, 공기관이나 일반 사회근무, 컨설팅 예술 대화 강연 불법적 입권 및 사업화이다. 물품 유통 보험 두뇌 개발 격동기 중계 부동산으로 성공한다. 상관생재는 개인적인 업종이 아니다. 공동체가 함께 공유할 수 있는 업종이며 특이한 발명품이나 기술상품을 개발하고 대량소비를 할 수 있는 무역시장이나 특수한 관권이나 정치적인 배경을 통한 사회성이 있는 특수시장을 개척하는 것이 선행조건을 삼는다.

재성이 용신이고 상관이 희신으로 쓸 때는 아우생아(兒又生兒)라 부르기도 한다. 나의 식상인 아이가 또다시 그 아이인 재성을 낳았다는 뜻으로 재성이 용신이 되어 "상관생재(傷官生財)로 기재불상(其財不傷)에 명진천하(名振天下)로다" 하였다.

戊 丙 辛 己 (상관생재)　　庚 己 丙 壬 (아우생아)
戌 申 未 未　　　　　　　戌 丑 戌 辰

상관합살(傷官合殺)의 명조는 상관의 흉신과 칠살의 흉신이 서로 합을 이룬 것이다.

내 영업장 없이 협상 달인으로 임기응변 즉흥적 불규칙 편법가 입찰경매건 귀신이다. 재능인정, 정경유착 계책과 로비귀재(鬼才) 상하관계 화합 등 연대관계이다.

상대의 권력과 능력을 이용하여 불법적인 일을 잘한다. 납품권, 중개교역, 비밀계약, 방문판매, 다단계, 보험 등 강자나 약자를 활용하는 관공서나 공공기관의 대행업무 등이다.

편관이 상관에게 생산물 하청을 준다. 큰 기관에서 공장에 발주하고 하청을 주는 것으로 공장에다 물품 납품 허가를 주는 것이다.

乙 己 庚 戊
丑 卯 申 午

상관견관(傷官見官)의 명조는 흉신인 상관이 나라의 국법을 능멸하는 것인데, 일간이 근왕(根旺)하면 하극상 범법자로써 질서교란자 무허가를 뜻한다.

자유인기업 방송인 운동선수 경쟁업종이 적합하나 항상 직업적 스트레스가 많다. 독불장군이며 가정과 집 직장이동 많다. 만약 인성이 없으면 실력과 능력까지 부족하다.

乙 己 甲 庚
亥 未 申 申

상관가살(傷官加殺)의 명조는 살벌하고 태왕한 관살을 상관이 대적하는 뜻으로 자기 몸을 희생하는 것을 말한다. 타고난 능력으로 소속 없는 현장 프리랜서, 관공서 대기업과 결탁해서 이익 창출과 납품 영업을 한다.

상관대살(傷官帶殺)또는 아능생모(兒能生母)라는데, 이 명조는 직장 또는 사회생활에서 내가 낳은 자식인 상관의 한 가지 방법의 재능으로 편관의 칠살을 대응하면 상관대살이라 하고, 아능생모는 식신과 상관의 두 가지 방법을 모두 인용하여 나를 공격하는 무서운적인 관살을 격퇴시키는 능력자를 말한다.

모두가 말빨 법률 변호사 난세의 영웅 리더형 편법가 정치성 상담사 유형들이다.

상관대살이 이루어지려면 상관의 세력이 우선 강해야된다. 어설픈 상관으로 관살을 상대하려다가 오히려 관살에게 제압당하는 수가 생긴다. 이러한 사주는 직장에 가거나 사회생활을 하게 되면 상관이 편관을 대응하기 위해서 전전긍긍하고 있는 모습이 되고 만다.

편관의 세력이 강해 주도권을 잡고 있어 상관이 쩔쩔매고 있으면 힘든 직장에서 살아남으려고 아부하고 있는 모습이 되고 상관의 세력이 강해 주도권을 잡고 있으면 직장에서 힘든 모든 일들은 나의 재능과 언변으로 한방에 해결하는 모습이 된다. 만약에 인성이 없는 사주가 되면 인성운에서 편법이 불법으로 망신을 당하기 쉽다.

丁 甲 庚 甲　　丙 乙 丙 甲
卯 子 午 寅　　戌 酉 子 申

제살태과(制殺太過)는 많은 식상이 관살을 격퇴해 버리는 명조로서 남명은 자녀가 불구 횡사하는 일이 많고 소실득자(小室得子)가 많다. 여명은 남편 존재 어려워 청상과부(靑箱寡婦)의 운명이다.

편관(七殺)은 나를 극하기 때문에 제극(制剋)하는 것이 마땅하다. 그러나 칠살을 필요로 하는 경우에는 그 칠살을 과다하게 제극하는 것을 좋아하지 않는다. 너무 신강사주는 칠살이 나를 극해오는 것을 도리어 기뻐한다. 이렇게 칠살을 과다하게 제극하는 경우, 칠살을 살리기위해 두 가지 방법을 쓴다.

하나는 재자약살(財慈弱殺)이라 하여 재성으로 칠살을 생해주는 방법이고, 또다른 하나는 살을 제압하고 있는 것 식상을 제거해 버리는 것이다.

제살태과가 된 명조를 제차 운에서 식상의 제살(制

殺) 운이 오면 진법무민(盡法無民)하여 수명을 다하게 되고, 반대로 살을 통제하는 자를 제거하면 대발하여 귀한 자리에 오른다.

상관상진(傷官傷盡.印多命)이 되면 인성이 많아서 상관이 기진맥진한 것으로 능력을 인정받지 못하고 단체생활에서 지장을 초래하며 하위등급에서 일을 하게 된다. 여명은 몰매 맞고 사는 운명으로 윗사람 덕이 없다.

상관을 제압하는 인성의 상관상진(傷官傷盡)에는 두 가지 종류의 길과 흉이 작용된다.

첫째는 월지가 상관이면서 흉신인 상관용신일 때는 진(眞) 상관격이라 한다. 이때에 인성운(印星運)이 와서 명조에서 병(病)이 되었던 진상관을 다스려 주게 되면 상관상진이 되어 도리어 "상진위귀(傷盡爲貴)요 행운인수(行運印授)면 복록자왕(福祿自旺)이라" 죽어가던 송장도 살아나게 된다.

둘째는 사주 월주에 인성이니 비겁으로 되고 주중(柱中)에 상관이 희신(喜神)이 되어 용신을 돕고 있으면 가(假) 상관격이라 한다. 이때에 운에서 인성을 만나면 상관이 기진맥진이 운에서 된다하여 "상진위병(傷盡爲病)이라 행운인수(行運印授)는 혼비조천(魂飛朝天)이라" 황천객 신세가 된다.

戊辛戊壬　　辛戊丁辛　　庚己癸丙
戌未申戌　　酉寅酉酉　　午酉巳午

상관용인 귀격이 됨. 戌대운에 火局으로 사망.

상관파료(傷官破了)란 운에서 쓰는데 명조 내에 상관이란 희신의 좋은 작용이 운에서 파괴 되어 종결되었다는 뜻이다. 월지가 인성 비겁으로 명중에 상관이 희신으로 할 때 인성운을 만나면 파료상관이라 하여 손수원(損壽元)이라 수명이 다하여 패망한다.

辛　壬　己　庚
丑　寅　丑　申

巳運 巳丑合金운으로 옥중에서 사망하였다.

진법무민(盡法無民)이란 식상 태과로 관살의 법이 다하여 따르는 백성이 없다는 뜻이다.

사주에서 식상태과로 관(官)이 파극(破剋)된 것을 제살태과라 하고 제살태과가 된 사주가 또 식상 운을 만나서 관이 극을 당하는 것은 진무민이라 하여 죽음을 면하지 못한다 하여 "진법무민(盡法無民) 황천지객(黃天之客) 기도강강(其度剛强)난면순사(難免順死)라"하였다.

상관격이 재(財)을 만나면 유통 상업가이다.

상관격이 관살을 만나면 편업에 종사자이다.

상관격이 인성을 만나면 자신이 남에게 컨설팅하는 인격자다.

상관격이 관성이 없으면서 상관왕 眞상관은 富强. 우량. 브랜드이다.
인성왕 加상관은 高强독불. 빈곤. 부실. 경매이다.

진상관이 인성(印星)을 만나면 공적 임무자이다.

상관이 겁재(劫財)와 만나면 개인적 재능 직무대행 노조 참여도전자이다.

상관과 편인이 합(傷官偏印합)을 하고 있으면 행사장. 전시관. 기획사. 매니지먼트. 문화. 예술교육. 특수한 클래스 운영. 공방운영이다.

상관생재를 하면서 재극인(傷官生財剋印)을 하면 혁신형. 혁신사업. 안전자산권. 자격정지.

戊 庚 甲 癸　　丙 庚 甲 戊
寅 辰 子 亥　　子 辰 子 申

상관이 관인상생(官印相生)을 하면 공공기관. 프리랜서 성과금이다.

丙 辛 戊 壬
申 巳 申 午

식상격 사주는 바보가 없다. 그런데 정주고 골병들고 건강을 해치고 친절하게 해주고 오해 받고 쓰러진다.

식상격이 비겁이 강하면 지나치게 솔직하고 친절이 병이다.

식상격은 관살이 사주에 있으면 인간성이 맑고 깨끗

하며 사회적 학술적 대성공을 한다.

식상격이 관성이 약하고 인성이 강하면 공부로 성공하나 건강을 해친다.

식상격은 인성이 강할수록 정직하고 학문적과 재량을 갖추어 성공하는데 식상이 편인을 만나면 강도를 만남과 같다.

식상 그 자체가 태약(太弱)하면 재복이 약하고 생명 물질 건강과 모든 면에서 집념이 부족하고 방황하며 빈곤하게 살아간다. 이사가 많은 팔자가 된다.

식상은 서로 만나면 좋고 같이 있으면 투쟁의 불씨가 되고 상대를 자기 마음대로 사랑하다 증오하고 이성 간에 감정변화가 너무 많다.

식상이 태왕 한 사주는 정신박약 증세가 있으며, 직장 생활을 오래 못하며 끝에 가서 반드시 후유증이 크다.

식상이 형.충.백호이고 인성이 태과한 여자는 그 자

식 신체에 이상 온다

식상에 형.충.백호를 만나면 유산득병(流産得病) 및 생식기관 병이 온다

식상이 인성과 형.충되면 친정에 가서 애기 낳다가 그 자식 잃기 쉽다.

식상이 도화살과 동임(同臨)하거나 합신(合身)이 된 사주는 부정포태, 인공수정, 처녀수태 낙태 경험한다.

상관운은 흉하게 들어오면, 쇼크 낙상수 교통사고 급 재난과 파괴 파직이다. 실수 연발되고 배신과 구설 망신수인데, 가정불화와 자녀 액운까지 따른다.

상관운이 길하게 들어오면, 우수한 재능을 인정받아서 예능, 응변, 저술 중개업 등으로 크게 성공을 이룬다. 상관운을 만나면 일단 말과 행동을 조심해야한다. 특히 경제적 요구가 강하게 작용되어 모든 업종의 변화주가 된다. 모든 일이 성공을 하더라도 남모르는 번뇌, 고독, 소외감을 느끼며 산다.
상관운이 오면 남녀 모두 외도할 확률이 많다. 여자

의 財는 남자에게 잘 해주는 것. 財를 생하는 것은 다른 영역을 넓혀서 다른 남자를 생하고 싶다. 기존의 틀을 벗어나고 싶다. 주변에 임기응변의 변화무상의 사람이 많다.

남의 청탁을 조심하고, 망신수와 관재사고 및 낙상수, 교통사고 등 좌천 파직문제가 일어난다.

*상관격의 성(成)과 패(敗)
傷官格= (成: 印. 財. 殺)　　(敗: 比. 劫. 官. 食傷)

상관격이란 흉신이면서 일간의 기운을 설하기 때문에 인성으로부터 극제되는 것을 기뻐한다. 상관격에서는 재성을 만나든지(傷官生財), 칠살을 만나면(傷官帶殺) 성격(成格)이 되고, 인성을 만나도 좋다(傷官佩印). 그러나 상관격에는 정관을 만나면 대패가 나고(傷官見官), 비겁을 만나도 패가 나며, 식신을 만나면 격이 떨어진다.

상관격에는 특별한 두 가지의 경우가 있다.
첫째 해자(亥子)월 경신금(庚辛金) 즉 금수상관격으로 일반적인 경우에서는 상관이 정관을 만나면 상관견관(傷官見官)이 되어 대패가 나는데, 금수상관격에는 조후가 더 시급하므로 정관을 만나도 화(火)기운이라 오히려 기쁘다. 대운 역시 남방 화(火)기운으로 흘러야 발복을 할 수 있다.

둘째 여름의 나무 즉 사오(巳午)월의 갑을 목에 해당하는데, 이런 경우에 수(水)기운 즉 인성을 만나면 상관을 인성이 극하므로 좋지만 조후까지 해주므로 수(水)기가 백배에 이른다. 상신으로 인하여 성격(成格)이 되면서 조후까지 하는 경우에 대발복을 하기 때문이다. 여름의 나무는 아주 특별한 조건이 없는 한, 북방 수(水)기운으로 흘러야 발복을 한다.

※傷官成格들이다.

상관생재	상관帶살	상관합살	상관佩인
丁壬乙癸	壬壬乙戊	乙己庚戊	丙己庚戊
未申卯亥	寅申卯辰	丑卯申午	辰丑申午

상관대살: 상관의 재능으로 편관을 대응하는 능력자

상관합살: 편법과 눈치로 문제됨을 효율적으로 해결한다.

상관패인: 正官의 正印이 生을 받아서 傷官을 극해
야 眞격이다

※傷官破格들이다.
傷官見官 비겁만남 식신함께투출 상관중중 상관인합패
己壬乙癸　壬壬乙癸　辛己庚戊　　庚己庚戊　甲丙己庚
酉申卯亥　寅子卯亥　未卯申午　　午卯申午　午寅丑子

상관견관= 법, 도리, 규칙, 위반, 언행불손,
　　　　　　타인무시, 하극상, 부하 덕과 상사 덕無

상관상진=
　　　　　　　庚 己 癸 丙
　　　　　　　午 酉 巳 申
　　　　(무술대운 火旺 사주에 화국운 사망)

　　　　　　　辛 壬 己 庚
　　　　　　　亥 寅 丑 子
　　　　(巳대운 사축합금으로 剋木하여 사망)

상관상진이나 파료상관은 상관을 극 당하여 그 상관
이 손상된 것이다.

母衰子旺(寡婦)＝

庚 己 辛 丙　己 丁 己 己(술운사망).

午 卯 丑 子　酉 丑 巳 丑

금운에 과부. 일주는 쇠약하고 식상이 태왕하다.

식상왕패＝ **임자 임자 경진 신사**

봉재성.봉겁재패＝ **무신 갑자 경진 신사**

상관化재성. 제살패＝ **을묘 정해 신유 계사**

7. 偏財의 통변

男: 부친. 숙부. 첩. 형수. 제수. 처남. 고손.

女: 부친. 시모. 숙부. 사위. 증손. 외손자.

호걸상. 관리능력가. 리더. 경영위주. 영역공간. 사회적 성공. 정재계. 기업인. 금융. 무역. 상공. 해양. 청부. 중개업. 재활용. 프랜차이즈 사업. 투기금물.

(편재 **장점**=능수능란. 신속판단. 큰재물 욕망. 실리추구. 시원 화통)

(편재 **단점**=변심. 과오실수. 과욕재앙. 인간미상실. 허세허풍)

편재는 매사에 민첩하고 기교가 있으며, 태왕하면 안일(安逸)한 성격이다. 편재는 야심과 욕망과 모험과 투기성을 조성하는 반면, 편법으로 사기. 횡령. 도박. 증원. 절도 등 온갖 사회악을 조성한다. 황금을 위해서라면 어린 아이에게까지 절을 하나 의협심과 동정심도 크다.

평민은 물론 직장인 공직자까지도 월급 외에 부수입

이 있든지 증권 부동산 투자를 한다. 신왕일 때는 재산 취득을 하고 신약일 때는 재산 손실 및 여자관계로 구설이 종종 따른다.

편재격이 일주가 신왕하면 재산 시비 많고, 신약하면 주색과 손재 많으며, 월지에 재성이 놓이면 경제적 여건을 조화시키는 수완이 좋다. 천간에 투출되면 재산으로 인한 시비가 많다. 그래서 재성은 지지에 숨겨져 있어야 알부자가 된다.

재성이 공망이 되면 평생 경제적 물질적 육체적 고난을 면키 어렵다. 남녀 모두 이별 별거하든지 또는 가정적 파멸을 면키 어렵다. 재성이 희신(喜神)이나 상신(相神)이고 강할 때 공망이 겹치면 재성의 관계로써 불의의 재난 즉 화재 횡액 교통사고 조난 등을 당한다.

재성이 없는 무재(無財)한 명조는 비현실적이며 정리 정돈 못하고, 계획 판단 눈치 대처능력이 약하다. 컴플렉스와 상대와 불통하고, 흥행성이 없는 정가품이며 외교 행상이 적합하고 챙기는데 부족하다. 그래서 재물에 대한 허욕과 금전이 유통되는 자영업하고는 인연이 적다고 하는 것이다.

재성이 없으면 인성이 왕해지므로 편도형(偏道形). 변절자 어리버리 제자가 없는 선비가 된다.

재성이 없는 官殺은 외로워, 홀(忽)로 비주류 직위 임무 있으나 영역이 없다.

재성이 없는 食傷은 자신의 능력을 쓰지 못하는 비기득권 전문가이다. 재성이 없는 比劫은 쓸 용도가 없는지라 유경험자가 직위와 임무을 쓰지 못한다.

사주에 재성이 너무 약하면 인간애와 진실성은 있으나 초년고생이 심하다. 즉 부친과 일찍이 인연이 없거나 부친이 고생이 심하다. 재성이 태약하면 외교 행상가이다.

약한 재성이 많은 관성 만나면 재성설기(財星泄氣)하는데 이런 사람은 비인기자며 행상인 재고품 쌓인다. 투자설비 권리 찾지 못한다. 자신의 품위 인기 유권자 보좌관 직원이 모두 빠져 나가 홀로 남는 사장이 된다.

편재가 많으면 재물의 유통과 인연은 늘 많겠으나, 여명은 남자로 인한 난관이 심하여 남자로 인하여 일생을 망칠 염려가 많다. 남명은 여자에게 돈을 물 쓰듯 하며 목적달성을 한다. 그러나 편재가 부족하면 여자를 좋아해도 돈이 없고 정이 부족하여 여자를 정복하지 못하며 용기가 부족하다.

여기서 알아둘 것이 비겁은 의지력과 끈기와 지구력으로 나쁜 환경에서도 칠전팔기(七顚八起)의 성격이나, 재성은 만물의 결실 결과만을 보려한다. 현실 감각이 발달하여 멋지고 수월하게 살려는 안일한 사고로서 학문은 멀고 당장 물질 추구의 욕구가 앞선다. 여자관계도 싫증이 빠르며 새로운 여자를 끊임없이 원한다.

편재가 많은 재관은 임기응변의 대화의 기술이 능통하다. 재성으로 인하여 관살이 강하면 이해타산을 먼저 하므로 인간성이 부족하고 신의가 없이 약속을 잘 어긴다. 자기 편리한대로 행동을 하며 거짓말이 많다. 보는 것마다 탐심을 갖는가 하면 포기도 빠르다.

재성이 너무 태왕하면 남녀 모두 매사 잘 안 되고 재물을 탐하여 이성과 윤리 도덕관을 상실하여 옳고 참된 인간성을 저버리고 범법자가 될 가능성이 많다. 또한 자기 탐심으로 실패, 파가, 망신, 여난, 지병, 이성, 난 고액, 주색, 방탕, 도적심리, 도박, 투기 등으로 고난이 많으며, 결국 수전노가 되어 인간미를 상실한다.

재성이 너무 태왕한 여명은 성(性)의 발작으로 탕녀

의 위험 따르고 남자의 호주머니 노리는 꽃뱀이 되기 쉽다. 그렇게 번 돈을 또다른 도적을 만나 결국 자신은 빈손이다. 남명은 주색을 좋아하고 거짓말 잘하고 그릇됨을 옳다고 생각하고 사리사욕이 강해 의리없고 부모형제도 모르고 자신 밖에 모른다.

재성이 너무 많으면 재성과다(財星過多)로써 사람이 인색하고 학문과 인간 덕이 없다. 비인간적이며 타인을 무시하고 비현실적이다. 공처가요 잔소리꾼이며 주체성 부족하고 바람둥이 기질이다.

만약에 일간이 쇠약하고 재성이 많은 재다신약(財多身弱)사주가 되면, 남명은 풍류심이 많고 외첩을 두거나 여난이 많으며 처궁은 불리하고, 처는 욕심이 많고 바람도 나기 쉽다. 여명은 부친이나 시가(媤家)댁으로 인하여 고난이 많다. 재다신약의 명은 노상횡액을 조심해야 하며, 의지부족으로 사회 적응력에서 매장이 된다.

재성이 천간에 투출되지 않고 지장간에 암장되어 있으면 가난하게 보이나 사실상 내실이 이어 부귀한 것이다. 이치가 감추어진 재물은 투간된 재물에 비해서 손재하지 않으며 숨겨놓은 비자금도 되기 때문이다.

재성을 식상이 생하여 식재왕(食財旺)이 되면 큰 기업에 종사하는 운명이나 늘 껄덕거리고 친가 세력 또한 강하게 된다. 신제품, 선진화, 가까운 관계와 환경을 의미하는 반면 현실적 번영 부조리(不條理)한 감정으로 승화되어 나쁜 성격이 일어나 인간의 순수성을 상실한다.

사주에 재성이 많으면 인성을 손상시키고 식상을 설기하므로 부모와 조상이 덕이 없어 어릴 때 고향을 떠나 고생하는 경향이 많다. 학문이 없으며, 재물 욕심이 너무 많아 부도 잘 내고, 허위문서나 보증 섰다가 망하며, 남자는 호색하여 여자로 망한다.

재극인(財剋印.印授逢財)은 상사나 부모와 인연이 없다. 돈과 여자로 학업 중단하거나 낙방을 하고 인생을 쉽게 살려고 하는 속물이 되기 쉬운데 증권 재테크 부동산 금융투자 안전 자산권, 유통 자산의 장사꾼의 논리자이다.

壬 戊 丙 己
子 寅 子 巳

편재가 年月에서 刑.沖.死.墓.絕.多比劫은 유복자운

명 부친 일찍 망이다.

편재가 일지에 놓이면 두 집 사위의 운명이다.

편재가 겁재와 함께 있는 명조는 야망과 투기 도박심이 하늘을 찌른다.

재격에 비견과 함께 근왕(根旺)하면 재력과 지도력을 갖춘 능력가다.

재성이 겁재와 합하면 부부가 맞벌이하며 처갓집복과 시댁복 있다.

재성을 식상의 생을 받으면 개인적 능력으로 전문가의 삶이며 경험과 경력으로 성실근면하다.

재성도화가 놓이면 첩으로 치부(致富)를 자랑한다.

재성이 역마동주하면 외화 획득을 하고 타국여성과도 인연이 있다.

관성도화 놓은 자 그 처첩으로 벼슬을 한다.

편재와 정인이 합화(合化)가 되면 투합으로 재테크 투자, 지분 이권개입, 부모 유산과 인연이 있다. 프랜차이즈 사업권을 갖는다.

재생관(財生官)하고 근왕(根旺)하면 경영능력 운영능력 관리능력이 뛰어나며 정경유착을 하고 투자개념이 크다.

재생살(財殺旺)에 신쇠(身衰)하면 악처로서 고행이 심하다.

재살(財殺)태왕 자나 상관이 태왕한 자가 역마지살 동주는 길에서 죽는다.

재생살(財生殺)이 제화(制比)되면 운영권에서 독립권에서 총괄한다.

재생살(財生殺)이 쟁재(爭財)는 경영자 주인 독점권 관할권을 갖는다.

재생살(財生殺)이 안 된 살무쟁재(殺無爭財)는 종업원 도우미 운명이다.

재생살(財生殺)은 개척환경 경영능력 보유자 기득권 자이다.

늘 돈. 父. 시부모. 부하. 여자로 인하여 재앙많다.

甲 庚 丙 己
申 申 寅 未

-파격-

식신합관.봉재패= **정사 무신 병인 계사**

봉살패= **계해 신유 정사 경술**

화(化)관성.중관패= **기미 을해 무자 을묘**

월지충패= **신사 계사 임인 무신**

봉살.합인패= **정사 임자 기미 을축**

탐재괴인패= **무오 을묘 신사 갑오**

재생살패.겁재합살패= **신유 경인 경신 병자**

봉관성 비견합관패= **병진 신묘 신유 무자**

편재운이 오면 의외의 횡재수가 있거나 투기성 금전 거래가 있는 해다.

사업기는 처음은 부진하다가 실수입이 늘어나게 된다. 남명은 변칙적인 애정 문제에 조심해야 한다.

재성운(財星運)이 들어오면 재성은 재물이므로 돈 벌기 위해서 돌아다니는 역마성이 된다. 자신이 쓰고자하는 용돈이 들어오며 돈 없어서 매도하며 서로가 제값 다 받는 운이다.

재관이 왕해질 때 재투자 운이라 하며 승진, 합격, 회사 표창, 진급, 대기업 취직, 사업 확장, 투자 및 이성문제가 잘 일어난다.

만약 재생살운이 되면 일을 벌리는 것마다 사고친다. 부하나 처나 여자로 인해서 손재하고 물거품이 되고 뇌물이나 청탁 때문에 관재구설이 생긴다. 뇌물 부채가 과중된다.

재성이 오면 인성을 극제한다. 사기 당하는 운으로 계약이 해지되거나 하자있는 문서를 구입하며, 학업 중단 신상 갈등 이상과 현실의 혼란 고부 갈등 윗사람과 마찰 등이 생긴다.

겁재가 많을 때 재성운이 되면, 사기, 도난, 손재, 강도 등 당한다. 현금화가 잘 안되므로 문서화해야 한다.

편재가 흉운일 때는 인간미를 상실한다. 가정불화, 과오실수, 손재수, 사기횡령, 부도, 여난, 뇌물사건 등이 일어난다.

8. 正財의 통변

男: 처. 고모. 백부. 형수. 제수

女: 시모. 고모. 백부. 자부의 모친. 외손자. 증손녀.

상공업. 자영업. 외교행상. 근면 성실업종. 은행 회계 세무. 메이저. 데이터분석. 수학 관련 업종. 부품업. 상 표업. 투기업 금물. 영역 안전. 노후대책 자산. 정재는 위기를 가장 싫어함.

(정재 **장점**= 현실주의. 치밀. 정확. 무결점. 정리정돈)

(정재 **단점**= 소심. 근심. 安住 발전저하. 결벽증. 따짐)

정재는 본성이 정당한 취욕(取欲)이다. 영구 보존 근 검절약 노력형이며, 인내성과 집착력과 지구력과 실 천력이 강하다. 특히 정직하고 성실 세심하고 조심성 이 있으며 국가에 충성하고 가정에 충실하다.

정재격인 사주가 신왕하면 금전 취득을 통하여 재산 이 축적이 되고 처로 인하여 경사가 있고 본인은 성실 근면 노력으로서 경사가 많다. 그래서 "재명유기(財

命有氣) 치부지인(致富之人)인데 신왕재왕(身旺財旺) 부귀쌍전(富貴雙全)이라"하였다.

만약에 사주가 신약하다면 금전 출입은 많으나 실속은 없어 재산은 모아지지 않고 재산 손실이 많다. 과로로 인하여 건강을 해친다.

癸 戊 庚 己
丑 子 午 巳

정재태과는 수전노(守錢奴)소리를 듣는다. 성격이 부드럽고 약하며 결단성이 부족하다. 노력과 땀의 댓가로 생긴 금전이므로 저축심이 강하며 보수적이고 상량한 사람이다.

정재가 십이운성의 묘(墓)지에 들면 극히 소박하고 검소하다. 재성이 천간 합이 많고 일간이 쇠약하면 겉으로 볼 때는 봄바람 같으나 내면은 사기심이 많다.

재관쌍미(財官雙美)사주가 있다. 정재와 정관이 둘다 한곳에 있어서 아름답다는 뜻이다.

신왕 관약(官弱)할 때 약한 관(官)이 재(財)가 상생하는 도움을 받아 관(官)으로써의 임무를 다하도록 한다. 그래서 이런 사주의 유형을 재자약살(財滋弱

殺). 재생관(財生官). 재생살(財生殺)이라 한다.

약해진 관성(官星)을 재성(財星)이 살려 주는 명조로써, 남명은 그 처가 현숙(賢淑)하고 미모이며, 또 재관 운을 만나게 되면 처첩인 여자로 인하여 성공하고 치부한다. 여명이라면 남편 덕으로 부귀영화를 누린다.

사주는 일단 신왕 해야지, 만약 신약하고 재성이 관성을 생하여 살(殺)이 왕해질 때는 도리어 재생살(財生殺)로 변하게 된다. 이렇게 되면 소중한 나의 재물을 살인자에게 공급해 주는 것과 같다. 그래서, 이러한 명조는 돈이 벌리면 벌리는 만큼 큰 재앙이 늘어나 발생하게 된다. 재물과 이성간의 문제로 생명까지 잃는 일이 허다하다.

재생살(財生殺)이 된 명조가 되면 경영능력과 지도력은 뛰어나다. 그래서 재정계(財政界)를 장악하게 된다.

만약 신약한 명조의 재생살(財生殺)은 칠살이 극성을 부리므로 늘 몸이 아프고, 재산, 부모, 여자, 부하, 직원들로 인하여 재앙은 피할 수 없는 일이라 모두가 팔자소관이다.

丙 庚 甲 癸　　乙 己 壬 丁　　甲 庚 丙 己
戌 辰 壬 卯　　丑 未 子 巳　　申 申 寅 未

사주가 신약하고 재성이 많으면 신쇠왕재(身衰旺財)
인데, 재다신약(財多身弱)이라 하며, 의욕과 욕심으로
돈이 모아지면 재성의 생을 받은 관성은 일간을 극하
므로 자연적으로 몸이 약해진다. 그래서 건강과 돈과
여자를 늘 조심해야 된다.

어느 명조나 재성이 많으면 주변에 여자와 재물과
인연이 많은 것은 사실이다. 횡재할 수 있는 기회도
많다.

재다신약(財多身弱)에 대하여 알아야 할 것이 있다.
일간이 아무리 약하고 재성이 아무리 많아도 재성은
일간에게 큰 피해를 주지 않기 때문에 흉신이 되지 않
는다는 것을 알아야 한다. 그러나 명조에서 재성이 인
성을 극한다거나, 재성이 편관을 생하는 경우에는 재
성이 일간을 힘들게 만드는 원인이 된다. 이때는 재성
이 문제가 되고 이런 구조의 사주를 재다신약(財多身
弱)이라고 하며 아주 나쁜 사주가 된다.

재성이 많아 재다신약(財多身弱)으로 신약해지면 팔
자에서 가장 큰 위기는 재물과 여자가 들어올 때이다.

운세에서 재물이 들어오는 재성의 해에는 큰 사고가 발생하기 때문이다. 보통 사람의 명조는 재물이 들어오는 해가 좋겠지만, 재다신약(財多身弱)의 명조는 재물과 이성문제가 화근이다. 재물과 성욕은 독사보다 더 무섭다 하였으니, 이때에 닥쳐서는 마음 공부를 하면서 재물을 주변에 많이 풀어야 된다.

낚시터에서 미리 떡밥을 뿌리듯이 주변에 소소하게라도 돈을 쓰는 게 좋다. 떡밥을 뿌리면 고기가 많이 모여들고, 모여든 고기들은 결국 나의 우군이 된다. 먹으면 도망을 못 간다. 유사시에 나의 우군이 되기 때문이다. 그리고 일주가 근(根)이 없어 쇠약하고 재관이 태왕하면 재살쇠약(財殺衰弱)이라 한다. 이 사주 또한 명조가 재살(財殺)이 왕해지는 연고로 건강이 나빠지고 처자와 재물로 재앙을 맞이하게 된다.

정재생관(正財生官)은 공생관계 상하구조 시설관리, 비 기득권을 위한 대표직 인물과 사회적 모습이며, 시장의 흐름과 핵심 파악 능력자로써 열심히 살아가는 과중 과로한다는 명조다. 재생관(財生官)의 명조인데 명관과마(明官跨馬)라는 뜻이 있다.

신강하고 천간에 투출한 官(관)이 지지에서 재성의 생을 얻어 보호를 받고 있다는 뜻인데, 남명은 벼슬하는 록을 얻게 되고, 여명은 "유등부인(有等夫人)이요 부명자수(夫明子秀) 부영자귀(夫榮子貴)니라"하여 남편과 자식의 출세가 있다는 뜻이다.

만약 일간이 신약하고 관(官)이 강한데 재성(財星)이 다시 관(官)을 돕게 되면 관청에서 문제가 얽히는 바람에 파국을 초래하게 된다고 본다. 재생관(財生官)이 안되는 재성은 지위가 하락하고 퇴직이 빠르다.

己 丁 壬 丁
酉 酉 寅 丑

재극인(財剋印)으로 인수봉재(.印授逢財)가 된 명조는 매점 매석 장사꾼 명조이다.

상사나 부모와 인연이 없으며 돈과 여자로 학업을 중단하거나 낙방이 된다. 그러나 주인 참모형 전략가로써 천부적인 기질이다.

신왕하면 탈법 작업성과 직업 없는 영업직, 특허 안전 자산 편업 재투자 재테크를 잘한다. 개고생을 하며 힘들고 어렵게 살지 않겠다는 사고방식이며, 관념과 생각은 저조하며 우유부단하면서 쉽게 벌어 보겠다는 사기성 잔머리와 배신과 정신적 불안증을 가지고 살아간다.

인간관계 불화가 많고 압류와 따돌림을 잘 당하고 일명 속물근성이라 하여 사기꾼으로 낙인찍히기 쉽다.

정관이 없는 재극인(財剋印)은 일평생 나이 먹은 상사를 모신다.

재극인(財剋印)이 재성이 왕하면 현실적이며 현실 투자의 유동재산 쓰는 능력으로 선진성이며, 재극인(財剋印)이 인성이 왕하면 과거 미래이며 보상심리와 부동자산 모으는 능력으로 후진성이라 하겠다. 재극인(財剋印)이 상관이 없으면 투기권 개발권인데 노력의 대가와 소득이 없다. 재극인이 정재편인(正財偏印)으로 되어 있으면 이권개입. 컨설팅. 노름. 탈법. 사체업자이다. 만약에 인성이 태왕하면 인수와 재가 함께 있어도 장애가 없고 오히려 유익하다 하여 "인수태왕(印授太旺) 견재위귀(見財爲貴) 재인부득(財印不得) 부귀쌍전(富貴雙全)"이라 하였다.

庚 辛 甲 戊(인약)　壬 乙 己 乙(인왕)　壬 辛 己 乙
寅 酉 寅 申　　　午 亥 卯 丑　　　辰 未 卯 卯

탐재괴인(貪財壞印)이란 많은 재성으로 인성을 묵사발 만드는 것인데 물질과 돈의 탐닉을 쫓아 도덕성과 재산권을 모두 무너트린다. 이 경우 재물에 대한 욕심을 내서는 안된다. 그러면 재성의 극을 받아 사기를 당하거나 심하면 불법을 저질러 처벌받는 등 큰 재앙이 닥친다.

甲 辛 乙 戊   甲 丙 戊 乙
午 巳 卯 午   午 戌 寅 卯
방탕심리가 財運에서 패망   申운에 사망

　재성이 없고 식식만 있을 때 재무식신(財無食神)이라 하는데 복권소. 사채업. 소매업. 불법적 도둑 업이다. 식신(食神)은 상품(商品)이고, 재성(財星)은 시장(市場)이며 자기무대이다.

　식신은 있는데 재성(財星)이 없는 사람은, 팔아야 할 물건은 있어도 손님맞이 할 자리가 없어서 다른 사람의 무대를 가끔씩 빌려서 써야만 하기 때문에 매사가 피동적이고 제약된 조건하에서 비싼 수수료를 내고서 상대의 비위를 맞춰야만 하기에 소득이 적을 수밖에 없는 운명이다.
　재성이 약하고 관성이 많은 재성설기(財星泄氣)가

된 명조는 투자마라 결과가 없다. 그리고 오래 쓰던 핵심 물품 및 건물이 고장이 잘 나는가 하면 자신의 품위, 인기, 유권자, 보좌관, 직원이 모두 빠져나가 낙엽 떨어진 북풍 한설에 외로운 나무 신세이다.

식신이 재성을 생하는 식신생재(食神生財)는 실물의 유형적 업종, 개임별 개인 재능활동가이다.

음식을 상대방에게 맛있게 먹여 주며 그 자체를 즐기며 흐뭇해 하는 뜻이다. 그러므로 늘 남에게 잘 해주며 그 음덕으로 큰 부자를 이루게 된다.

만약 명조가 상관생재(傷官生財)를 하면 정신의 무형적 업종인, 경영인, 팀별 단체 팀원, 대외 관계형, 대회 역할 장기근속하는 자로써 공간을 생한다. 공간을 넓힌다. 공간을 이동한다는 의미이다. 상관생재를 하여 재생관이 되면 경영자가 된다. 상관생재를 하여 재극인이 되면 시설관리 주인 보관료 안전 자산권이다.

재격과 정관이 합을 하고 지지와도 합하면 재관동림(財官同臨)이라 재정계(財政界)에 진출한다. 명조에서 재관은 나아가야 할 방향을 제시하는 신이다.

재성이 겁재와 함께 있으면 독점 총괄 기득권을 확보

한다.

```
辛 庚 甲 癸    壬 己 戊 庚
巳 辰 寅 酉    申 巳 子 申
```

인성이 많아 일간을 과잉보호를 하면 모자멸자(母慈滅子)가 된다. 이 명조는 재성운이 흉하다. 모자멸자란 그 어머니가 너무 인자하여 도리어 그 자식을 망친다는 뜻이다. 다시 말해서 인수가 너무 많아서 사주를 망쳤다는 말이다. 인수태왕으로 일간의 과잉보호라 극빈하게 된다지만 과잉보호하고 있는 인성을 극하는 재성운에 운에 망하고 심하면 사망을 한다.

```
壬 丁 甲 癸(木多火息)    戊 辛 戊 丙
寅 卯 寅 卯            戌 丑 戌 戌
```

재성격이 火는 주유소 열 난방 열 통신 에너지사업이다.

재성격이 木.土은 의복 목재상 토목 농업 부동산 관련사업이다.

재성격이 火.水가 태왕하면 유통 무역업이다.

재.관.인이 역마 지살과 함께하면 외교관 유통 택배 운송 관광사업이다.

정재운이 흉하게 되면 옛것 철거 수리 결백증 판단 실수 손재수 사기도난 여난 등으로 사망하는 수가 있다.

정재운이 오면 사업가나 상인은 확장운이다. 직장인은 상사의 덕으로 승진 기회도 되며, 현금 유통과 능동적인 활동이 기대가 된다. 남명은 외정이 생길 때이다.

*재격의 성(成)과 패(敗)
財 格=(成: 官. 食. 傷. 印)　　(敗: 比. 劫. 殺)

재격이란 재성은 재물을 뜻하므로 현실적인 재물의 축적과 직접 관련이 있다. 재격은 정관을 만나든지(財生官), 식상을 만나면(財用食生), 성격이 되고 인성을 만나도 좋다(財格佩印). 그러나 재격은 비견과 겁재를 만나든지, 칠살을 만나면 패격이 된다.(財生殺).
　또한 비견과 겁재가 왕한 사주에 식상과 정관이 없이 재성만 있게 되면 패격이 된다(群比爭財). 그리고 근(根)이 미약하든지 없는 경우와 왕한 재성이 관성을 생하고 있는데, 역시 일간의 근(根)이 미약하면 도리어 불리하게 된다.

※財成格들이다.
재생관　재용식신　재용상관
戊庚丁甲　辛辛甲癸　癸庚甲癸
寅子卯申　卯丑寅巳　未午寅酉

財格佩印　財命有氣
戊辛乙戊　기경무계
戌丑卯戌　축자오사

※正財成格들이다.
재생관　재용식상　재격패인
庚庚丁甲　壬辛甲癸　戊辛乙戊
辰子卯午　辰巳寅丑　戌丑卯午

財印不碍(印財同臨無障碍)
壬乙己乙(元首). 丁乙乙己
午亥卯丑　　　亥丑亥亥

재자약살(신왕관약):

庚 乙 乙 乙　庚 庚 丙 己
辰 卯 卯 卯　辰 申 寅 酉

三般貴物(재관인):

壬乙庚戌(장관)　**甲乙壬己** 坤 국제고위층
午丑申子　　　　**申未申未**

※財破格들이다.

비견을 만남　겁재를 만남　재생살　인에 합거됨
庚癸癸丙　　壬癸丁癸　　辛辛丁甲　　壬乙戊癸
申卯巳辰　　戌巳巳未　　卯巳卯申　　午卯午卯

재격비겁만남= 과욕, 인덕무, 도난자주, 경쟁추락,
　　　　　　　　빈털이

재생살=남자는 자녀로근심,
　　　　여자는 남자로근심, 蓄財후질병,타인상처 줌

상관견관파= **임술 무신 정해 정미**
정관투.봉식상패= **병진.경인.신축.임진**

9. 偏官의 통변

男: 자식. 고조부. 외조모. 조카. 매부. 鬼
女: 남자. 고조부. 외조모. 조카. 시누이. 鬼

출세지향. 운용능력가. 통치. 정치. 武官界. 군경검. 승부직업. 종교. 활인업. 의료. 조직. 청부. 장례. 夜勤業. 특화사업. 개척개발. 건축. 공학. 조선. 골동품. 사격. 운동. 위험 수당직

(편관 **장점**= 직감. 기억력. 예리함. 냉철. 고품격. 위엄. 청렴. 인내)

(편관 **단점**= 난제봉착. 냉정. 질투. 잔인. 공포. 살기. 지적. 포용력부재)

편관은 총명하고 책임과 용기와 과단성이 있지만 호걸기질, 승부욕과 모험심이 넘친다. 때로는 의협심에 흉폭한 투지의 인내, 자비와 희생과 봉사 정신으로 사회적인 난제(難題)을 해결하고 늘 수뇌부에서 사회적 정책들을 관장하며 난세의 영웅이요. 개척 개발자의 운명으로써 외근(外勤)하는 삶이며 강한 경쟁자와 사

회적 약자가 많은 곳에서 생활한다.

편관의 단점은 영웅심과 자존심으로 강제적인 의무와 공격성이다. 가장 먼저 단점을 고치면 세상에서 가장 큰 사람이 된다.

편관은 극단적으로 견디기 어려울 정도의 가난과 무서운 고통 속에서 생활을 겪기도 한다. 그리고 편관은 천하에 자신이 제일 똑똑하며 영리하며 타인은 바보처럼 보며 자신이 모든 일은 정당하기 때문에 부모와 같이 살면 부모 및 배우자를 골탕을 먹인다.

돈 빌려 가면 금방 줄 것 같아도 틀어지면 적반하장(賊反荷杖)이다. 그러나 돈을 벌면 구두쇠가 된다.

편관격이 파격이 된 여자는 건드리지 않음이 좋다. 밤낮 투쟁을 하며 서로 없으면 못살고, 연애하지 않으면 간음하고 새침데기가 되기 쉽다.

남녀 간에 편관격하고 사는 사람은 간을(肝) 빼놓고 살아야 한다. 그것은 죽은 송장도 일어나기 때문이다.

편관격은 편견자(偏見者)로써 악차스런 정신과 투지와 불굴의 정신의 집념가이지만 어떤 말이든 칭찬에는 무조건 나쁜 소리로 들리며 고집과 아집으로 인하여 다른 가족들은 기가 죽으며 말대꾸하다 핀잔먹기 일 수다.

항상 공포분위기 속에서 생활을 하며 아는 척하며 부정적 제도와 의심과 시기 질투 등으로 이성 간에 파란이 많다. 그래서 편관격은 식신이 살을 제어해주는 식신제살을 하거나 겁재나 상관과 칠살의 무서운 살끼리 서로 묶어 버리는 겁재합살(劫財合殺)과 상관합살(傷官合殺)이 되면 도리어 크게 좋은 명조가 되는 것이다. 만약 관살이 공망이 되면 평생 직업 및 사회적 지위가 없다. 말년이 고독하다.

관살이 없는 명조는 목표가 없고 구직이나 직업이 어렵다. 현실파악 못하고 직관력과 절제력 예의와 위엄과 신뢰 등이 부족한 반면 자신의 분노와 감정 조절하는 브레이크가 약하다.

관성이 인성으로 관성설기(官星泄氣)가 되면 재성이 관성을 생하지 못하는데 인성이 태왕하여 힘없는 관살을 설기하는 것이다. 이렇게 되면 관살의 권리의 울타리 무너진다.

관성설기는 제도권에서 이탈된 행동으로 나타나므로 직장인은 조직적 생리에 맞지 않은 행위를 하고, 학생은 학생생활을 못하며, 가정에서는 부부간에 의논없는 개인적 행동으로 불화를 초래한다.

편관격이 태왕하면 정신적 불구자나 반건달의 운명이 되기 쉽다. 그래서 사주의 나쁜 살 기운들을 직업으로 잘 승화시켜서 써먹는 업상대체(業象代替)로써 브로커, 의사, 종교인, 점술, 역술가, 첨단기술, 공학, 과학자 등 특수 업무에 종사를 하면 모든 액땜이 되면서 좋은 운명이 되어 크게 성공을 한다.

사주에서 관살이 많으면 본신을 극하므로 신약 살왕이 되어 정신 불안정하고 건강이 나쁘다. 특히 액운을 달고 살아간다. 일생 명예로 피해가 많고 맹꽁이 노릇만 한다. 또한 일찍이 요절하지 않으면 빈천이라, 비요극빈(非夭極貧)하며 귀신병 히스테리 질액 감금 관액 고독하다. 강박관념 허례허식 자존심 철벽 대인관계 꽝, 직장 운세마저 없다.

관살이 강해지는 사주는 자기 몸을 망치게 되는 것은 기정사실이며 사회적으로 당연히 매장된다. 그 뿐 아니라 사회적으로 발을 디디고 살이 갈 땅을 잃게 된다. 성장할 수 있는 환경의 조건이 나빠진다는 뜻이다. 그러므로 죽었다가 다시 태어나지 않고서는 새로운 좋은 운명을 살아갈 수 없으므로 교도소나 수용자 시설에서 제2의 인생이 되기 쉽다.

늘 자기 수신(修身)이 꼭 필요하다. 즉 신약하고 편관이 강한 사주는 불구, 관형, 횡액, 재화가 많다. 그래서 업상대체(業象代替)로서 대중성과 사회성이 떨어지고 쎈 업종들이나 비서실장, 참모나 보좌관, 사회봉사, 종교인, 술객, 활인술, 의사, 간호인, 화류계 운명이 되면 도리어 칠살의 두각을 발휘하여 재앙이 복이 되는 전화위복(轉禍爲福)이 된다.

관살이 태왕하여 일간이 극쇠약해지면 과중과로, 중압감, 직무스트레스 직업병이 생긴다. 또한 범죄의 운명으로 편법으로 이익 얻고자 하므로 자유로운 영혼을 자처하여 자신을 구속하거나 수행자가 되거나 포주 또는 신들려서 살아가는 운명이다.

관살이 많아서 중첩되거나 충극이 된 남자의 명조가 처의 명조에서 상관이 정관을 충극하고 있다면 남자가 처에게 구타를 하거나 구박하게 된다. 그것은 편관은 처의 의식이고 언변이며, 여자의 상관은 남편의 구실을 못하게 하는 이치다.

편관은 남자에게 처의 자궁살로 표현한다. 그래서 월이나 시에서 충. 극을 받으면 처의 자궁이 이상이 오거나 본인이 조루증이 있게 된다.

丁 辛 丁 甲 (남편)   丁 甲 丁 辛 (처)
巳 巳 卯 辰   卯 寅 酉 亥

편관과 정관이 섞여 있는 명조를 관살혼잡(官殺混雜)이라 하는데 파란만장하다. 고난과 고액이 산너머 산이라서 가정과 주거, 직업에 변화무쌍하다.

정관과 편관이 같이 있을 때에 정관을 합거(合去)하거나 충극거(沖.剋去)하게 되면 정관이 제거되고 편관만 남기 때문에 거관유살(去官留殺)이라 하여 화(禍)가 변하여 복이 되어서 부귀쌍전하게 된다.

만약에 정관과 편관이 혼잡되어 있는데 거관유살(去官留殺). 거살유관(去殺留官)을 이루지 못하면 천격(賤格)의 운명으로 의롭지 못하고 사람의 심성이 나빠지며 요절하거나 신병으로 고생을 하는가 하면 귀신이 들려 일생 시달리는 생활을 한다.

다음과 같이 조정(調整)이 잘되어 있으면 귀(貴)한

사주가 되어 부귀쌍전(富貴雙全)을 이룬다.

거유관살(去留官殺)이 되면 칠살은 합거(合去)되고 정관만 남는다.

거관유살(去官留殺)이 되면 정관은 합거되고 칠살만 남는다.

거유서배(去留舒配)이 되면 거(去)할 자는 거(去)하고 유(留)할 자는 유(留)하고 짝(配)할 자는 짝(配)을 지어 관살(官殺)의 흉살이 사라진다.

식신제살격(食神制殺格)이 된 명조란 일간이 신약하고 칠살이 왕할 때 식신으로 무서운 편관인 칠살을 격퇴시키는 것을 말한다. 식신으로 칠살을 다스린다 해도 일간이 식신으로 설기가 되어 사주는 신약해 진다. 그래서 식신제살격은 남녀를 막론하고 풍파가 많고 고생을 많이 한다.

특히 일간이 쇠약해지면 사회생활 하는데 많은 시달림을 겪어야 되고 극복해야 할 시련들을 가볍게 생각해서는 안된다. 어려운 난관을 극복하며 살아가는 명조이므로 반드시 일간이 지지에 근이 있어서 통근하고 있어야 한다.

식신제살격의 운명은 범죄 퇴치 사회적 보건의 국가 자격소유로써 법대로 실행하는 민원처리. 소비자상담 이나 활인(活人)업종에 몸을 담는다.

만약 관살이 태왕하고 식상이 약하면 체면손상 구설 생길까 늘 불안초조하게 살아간다. 물론 촌지사고나 질병이나 풍파가 많고, 부부혼잡으로 바쁘게 살아가 는 인생이다. 화류계 생활로써 살아가는 사람도 많다.

丙 甲 庚 庚
寅 戌 辰 申

살인상정(殺刃相停)이 된 명조 양인합살이다. "位至 貴品인데 中和失道면 魂飛朝天이라" 하였다. 살인상 정이란 칠살이 양인을 합하여 머물러 중화가 되어있 으면 고관대작의 운명으로 병권을 장악하는 직위가 높다는 뜻이다.

만약 양인이 칠살을 합하여 보호하고 있는데, 운에 서 양인이나 살을 합.충.극을 하게 되면 중화가 깨져 서 대흉하여 죽음을 맞이한다.

살인상정(殺刃相停)의 법칙은 요즘 표현으로 적과

의 동침하는 일명 논개의 운명이다. 적을 사랑하고 원수를 사랑해서 한 이불을 덮고 살아가는 사이가 된다는 의미가 된다. 사랑의 힘은 원수도 녹여버릴 만큼 강렬하고 뜨겁고 위대하다.

편관 칠살에 대한 겁재인 양인의 역할은 전문 암살자의 책임을 지닌 존재이다. 살인상정은 오행이 편중될 수 밖에 없음으로 아무리 일간의 기운이 강해서 살과 맞대응할 수 있다고 해도 여러 단점이 나타나는 가장 품질이 낮은 살을 다루는 방법이다.

壬 丙 丙 壬
辰 午 午 申

겁재합살(劫財合殺. 殺刃相停)이 되면 비겁의 힘을 살의 기운을 다이다이로 견딜 맷집을 키우는 방법인 것이다. 부정적 역할로써 일을 주는 것이다. 직무 대행을 하게 하는 것이다. 나라 돈으로 사업자와 결탁한다.

지역과 장소에 권한적 직업으로 활동한다. 편관격은 겁재를 천간에서 만나야 큰 손이 된다.

나라에서 허가권, 단체 행동권을 줘서 어느 일정한

영역을 통제하거나 관할하거나 심판할 권리를 주는 것이다. 나라에서 변호사 협회를 통해서 변호사들에게 필요한 통제권을 주는 것이 해당된다. 겁제 합살격은 머리가 비상하나 신왕사주는 갑질을 한다.

壬 丙 丁 乙　　壬 丙 丁 庚　　壬 癸 癸 庚
辰 申 亥 未　　辰 午 亥 申　　子 酉 未 寅

극설교가(剋洩交加)라 하는 명조란 극설교집이라 하는데 극신약인 일간무근(日干無根)에 일간을 제극하는 관살과 일간을 설기하는 식상이 모여 무지막지하게 일간의 힘을 **빼**는 경우이다. 이러한 극설교가(剋洩交加)는 과로 환자가 되며, 빈대 잡으려다가 초가삼간 태우는 명조이다.

남명은 직업과 처자와 인연이 없어 사회성을 잃게 되고, 여명은 나를 극제하는 남편과 나의 설기로 만들어진 식상의 기운이 일간의 기운을 **빼**기 때문에 자식 복과 남편 복이 동시에 없게 된다. 식상의 기운인 자식 기운이 남편의 기운인 관살을 극해 해결해주지만 일간이 신약하여 이를 중제하지도, 감당하지도 못하게 된다.

甲 戊 戊 庚　　丁 己 甲 乙
寅 午 寅 申　　卯 酉 申 巳

제살태과−진법무민(制殺太過과 盡法無民)이란 명조
의 원국에서 약한 편관 칠살이 지나치게 식상에게 극
제를 당하여 묵사발이 되어 있는 상태를 말한다. 또
다시 식상의 운을 만나 칠살이 완전히 망가지는 경우
를 진법무민(盡法無民)이라고 한다.

진법무민과 제살태과에서 관살이 刑. 冲을 만나게
된 남명은 직업을 잃게 되고 그 자녀들에게는 신체이
상이 온다. 여명은 남편의 신변에 큰 불행을 피할 수
가 없다.

이러한 흉측한 살이 닥치는 운에서는 망설이지 말
고 명산대찰(名山大刹)을 찾아야 한다. 이때에 편관
칠살은 신장(神將)님은 수호신 역할에 해당하기 때문
이다. 간절한 기도는 전염병에 미리 백신을 맞는 것과
같을 것이다.

상관합살(傷官合殺)은 음간일 경우에 해당한다. 상
관으로 편관을 합하여 칠살을 제거하는 것이다. (양간
의 경우 식신이 정관과 합을 한다) 서로 합을 한다는
것은 이해관계가 맞다는 것이다. 상관의 경우는 효율

을 따진다. 편법에 해당하기도 한다. 편관을 제거하면 보상이 크다. 편관을 없애기 위한 식상의 힘은 강해야만 한다. 어설프게 건드려서 확실하게 제거하지 못하면 오히려 큰 화를 일으킬 수 있다.

상관합살은 백성을 위해서 써야 할 돈으로 공무원에게 결탁하다. 상관합살은 부정적 역할로써 편관이 상관에게 생산물 하청을 준다.

기관에서 공장에 발주, 하청주는 것, 공장에다 물품 납품 허가를 주는 것이다. 공임(公任), 문제해결, 용역 대행 강자나 약자를 활용하는 업, 납품 외교 통상, 일정 영역에서 임기응변 달인이며 언어 마술사들이 많다.

庚 乙 丙 辛   丁 辛 壬 乙   癸 丁 戊 庚
辰 卯 申 巳   酉 丑 午 卯   卯 丑 子 戌

상관가살(傷官加殺)은 양간(陽干:甲.丙.戊.庚.壬)으로 된 편관 칠살을 위험을 무릅쓰고 음오행인 상관이 제하러 간 것을 말한다.

왕한 관살을 상관이 대적하는 것인데(傷官帶殺), 어려운 상황의 해결을 법보다 주먹을 앞세운다. 관공서 대기업과 결탁해서 이익 거두는 사람들이다.

억순이. 납품 영업자. 어려운 현장 근무자. 열악한

환경을 개척자들이다. 죽으러 갔다. 책임지러 갔다. 독박 쓰다. 의혈지사들이다.

일명 출장가살(出將加殺)이라고 하여 대체적으로 내부 일이 아니라 외부 일을 책임지러 가고, 험한 곳에 뛰어드는 특징이 있고, 위험한 일을 맡는 특징이 있고, 현장 일을 책임지는 특징이 있다. 그리고 그 하나가 온 가족과 국가를 살린다는 특징도 가지고 있다.

재생살(財生殺)의 명조는 통치자 운명. 총괄. 권한과 주관을 행사한다.

재성이 칠살을 길러서 나를 힘들고 해롭게 한다. 과로과중 과로사, 돈, 여자, 남자, 아버지, 부하직원, 시어머니로 인하여 힘들게 살아가며, 남자는 사업하다가 망가지고 여자는 남자에게 다 갖다 바치는 것이다.

재생살(財生殺)도 정재에 의한 재생살(財生殺)과 편재에 의한 재생살(財生殺)이 다르다. 정재는 돈만 나가지만, 편재는 사업까지 망하게 되는 것이다.

재생살(財生殺)은 묶이는 것이고, 당하는 것이고, 공사대금 못받는 것이고, 억울한 것이고, 배신이다. 그렇지만 폼나고 근사하게 사업을 하고 싶어서 안달한다. 사업을 하다가 조금되는 것 같으면 완벽하게 하려고 투자를 하게 되는데, 한 번 적자로 돌아서면 그 투자한 것을 감당하지 못하게 되고, 본전생각 때문에 절대로 놓지를 못한다. 갈 때까지 가보자고 하는 것이다.

재생살(財生殺) 운에 남자는 사업망하고, 여자를 만나서 힘들어지고, 여자는 남자에게 있는 재물을 다 빼앗기게 된다. 빼앗기는 것이 아니라 자기손으로 다 갖다 바치는 것이다.

살인상생격(殺印相生格)의 명조가 되면 선각자. 선악을 구분하는 작전. 스파이. 비밀수사. 조직내의 일하는 자. 판단적 수사, 애국열사. 법인 체장. 법. 의료. 무관. 환경. 보좌관. 상담사. 이론적 능변가로써 사회적으로 힘든 일에 총대를 매고 살아가는 운명이다. 그래서 살인상생격(殺印相生格)은 살중용인(殺重用印)이라 국록지인(國祿之人)이라 하였다.

관살이 많아서 일간을 극하여 기진맥진하여 신약한 경우 인성(印星)으로 통관을 시켜서 일간을 생하여 돕게 된다. 그래서 이러한 사주는 관인상생(官印相生)으로 관과 직인이 갖추어 졌다. 주로 국록을 먹는 관사(官吏)의 명이 된다. 또한 심성이 착하고 학문을 좋아하는 사람이다. 이때에 사주에 재가 있어서 파격을 만들면 자녀가 있더라도 불효하고 처 또한 추잡하다. (財)가

재성운을 만나도 탐재괴인(貪財壞印)이 되어 재물이나 여자를 탐내다가 문서 계약 인장 명예가 수포로 돌아가는 재앙을 만난다.

甲乙辛癸　　辛乙癸甲　　甲戊丙己
申丑酉卯　　巳亥卯寅　　寅子寅亥

명암부집(明暗夫集)의 명조는 관성(官星)인 남편이 천간에 투간되어 있는데 다시 지장간에 관(官)이 암장(暗藏)되어 있다는 뜻으로 여자는 이성 문제를 일으키고 심하면 여러번 재혼을 한다.

甲戊癸乙
寅辰未卯

부성입묘(夫星入墓)란 木 火 土 金 水 의 음과 양을 구분치 않고, 木일주는 丑, 火일주는 辰, 土일주는 未,

金일주는 戌, 水일주도 戌로써 일률적으로 사용한다는 점이다.

여명에게 부성입묘란 "남편인 관성(官星)이 묘(墓)지로 들어갔다"는 의미로 이혼을 넘어 사별을 암시한다. 남편이 있다 하여도 그 남편이 출세하기 어려워 유폐(遺弊)적 생활을 하거나 또는 안목있는 가정을 이루기가 매우 어려운 사주이다. 남명이 관성입묘가 되면 일찍이 자녀를 잃거나 사람구실이 부족하게 된다.

庚 甲 丁 甲
午 寅 丑 子

편관운에서는 과다 책임 중책을 맡게 되거나, 직장과 직책, 귀신, 신액, 병액, 관재수, 이성문제로 인한 재앙을 부르고 심하면 죽을 고비를 겪는다. 진급, 전보 발령, 상명하복으로 관재구설과 좌천도 이때에 일어난다.

일간이 신왕하면서 희신으로 작용이 되면 직책이 실권부서로 나아가게 되고, 사업이 급성장하게 된다. 명예가 상승하고 신변이 다양하게 된다.

일간이 신약하거나 기신으로 작용이 되면 세금과중,

충돌사고, 비난, 시비, 관재수문제로 손재수가 발생한다. 가장 가까운 사람이 사망하기도 하며. 자신도 귀신빙의. 잔인한 살기로 신액과. 재난사고. 관재. 파산. 가출. 이성망신. 자녀 액이 들어온다.

여명은 외출을 삼가야 한다. 외정이 생길 수 있다.

관살(官殺)운에서는 돈에 대한 압박으로 급매하는 일들이 발생하고, 비겁이 왕한 자가 물건 매입을 하게 되고, 재관이 왕해질 때 재투자한다.

관살운이 오면 너무 자만심이 강해진다. 그래서 제일 잘한다는 기분으로 타인을 내면적으로 헐뜯는 경향이 많다. 또한 시기와 비방과 자만심으로 꽉 차있을 것이다.

관살운에는 세상 사람들이 모두 자만심과 시기와 질투가 가득하여 다가옴을 깨달아야 한다. 관살운에 신약사주는 매사에 허욕과 허구성 많다.

＊칠살격의 성(成)과 패(敗)

偏官格＝ (成: 刃. 食傷. 印)　　(敗: 財. 官. 殺)

칠살격이란 일간을 극하는 작용이 흉폭하기 때문에 칠살 또는 줄여서 살이라고 하는데, 사주 내에 칠살이

있으면 일단, 칠살부터 해결하고 넘어가야 할 정도로
위험한 흉신이 바로 칠살이다.

칠살은 반드시 제복(制服)하거나 인성으로 통관시
키지 못하면 신액을 겪든지 요절을 하게 된다. 그래서
일간이 무력하다면 반드시 일간을 생조하는 방신(幇
身)하는 운으로 흘러가야 한다.

칠살격에서는 양인을 만나거나(殺格逢刃), 인성을
만나거나(殺印相生), 그렇지 않으면 재성이 없이 식
신을 만나거나(七殺制食), 상관을 만나면(殺逢傷官),
성격이 된다. 그러나 칠살격에서는 재성을 만나거나
(財生殺), 정관을 만나거나(官殺混雜), 칠살을 다시
만나도 대패가 난다.

※七殺成格들이다.
칠살식제　살용상관　　살인상생
辛己乙戊　庚己乙戊　丁己乙戊 계정정갑
未巳卯午　午亥卯申　卯巳卯午 묘묘묘술

살격봉인
乙甲庚甲
亥寅申申

假殺爲權(살변위권):

乙己乙辛(君主)	壬戊戊甲
丑丑未卯	子申辰戌

진운.신유년에 을목과 유목상하여 死 서방금운 대발

※**七殺破格들이다.**

財逢	살관혼잡	살을 거듭 만남	官財가同逢
己己乙癸	甲己乙戊	乙己乙戊	甲己乙癸
巳巳卯亥	戌亥卯辰	丑巳卯午	寅亥卯亥

재봉.재생살= 존심과 돈과 여자로 말썽,
　　　　　　　직위상승 짧다. 불안과 피해의식

살관혼잡.正官逢= 불안정생활, 상사-직장복無,
　　　　　　　피해의식과 거부감이 병

편관.재투패= **정미 무신 갑자 병인.**
정관투.중관= **패 병술 갑오 신사 병신**

去留舒配(갈 것 가고 짝지을 것은 짝짓는다).

丁辛壬丁　　甲辛丁壬

酉巳子亥　　午丑未辰

모두 국록의 사주였다

乙 戊 庚 丙 곤명

卯 戌 寅 午 (1)

　용신:정관(합살유관)乙+丙. 상신:丙. 病:庚

　戊토 寅월 칠살격인데 삼합火국으로 변하고, 시간에 乙목 투출하여 合殺留官이다. 월간 庚금이 을과 합으로 병이되면서, 다시 편관과 정관도 합이 되어 패가 되겠지만 년간 丙화가 庚금을 극하고 있어 식신이 정관을 합하지 못하게 한다. 고로 월지가 투간된 乙목과 丙화가 용신이 되는데, 丙화는 상신의 역할까지 한다. 동방 남방운이 좋다.

10. 正官의 통변

男: 증조모. 외조모. 자식. 조카. 매부. 매제
女: 증조모. 외조모. 남편. 시누이. 자부

公職界. 고위 정치. 고급 인력. 행정업무. 조직 간부. 생존권. 고급 기술계. 공기업. 토목. 건축. 대리업. 납품업

(정관 **장점**= 공명정대. 언행일치. 법치. 원칙적. 정의 추구. 절대신임)

(정관 **단점**= 융통성 결여. 집념과 결단부족. 주의식. 패배의식)

정관은 시종 질서와 규범으로 준법정신과 책임감이 투철하다. 인자관대(仁慈寬大)하며 매사에 성실하고 온후독실하고 정직하다. 정관은 사리가 밝고 성품이 어질고 예의가 있고, 상하구별이 뚜렷하며 충(忠)과 효(孝)를 위한 성격이며, 천성적으로 양보 사양 겸손하며 이해 폭이 넓고 자비심이 있다.
특히 천간관격(天干官格) 천간에 관성이 있는 명조는 통치운영. 공직, 행정계. 과열경쟁. 이권 권력자의

운명이다.

지지관격(地支官格) 지지에 관성이 있는 명조는 정도(正道). 열등이식. 남에게 머리 못 숙임. 대접받고자 함. 고급 취미를 지니고 있는 운명이다.

관성이 없는 무관성(無官星)의 명조는 목표가 없으며 현실 파악못하고 직관력과 절제력 예의와 위엄과 신뢰 등이 부족한 반면 자신의 분노와 감정 조절하는 브레이크가 약하다. 독자사업이나 프리랜서 직업의 운명이다.

관왕(官旺)으로 관성이 왕하면 이 시대의 핵심적 인물로써 권력기관 운명인데 반하여 자격지심과 강박관념이 강하다. 관성이 많은 관다명(官多命)들은 주변이 모두 고독하다. 정체성이 혼란하고 옹고집이다.

그래서 컨설팅과 중개업 등 찢고, 짜고, 째는 혐오성인 살벌하고 억세고, 험한 업종으로 업상대체(業象代替)하면 대발하여 좋다.

관성과 인성이 함께 많은 관인다명(官印多命)은 알아서 사가는 일, 체인. 브랜드 관련사업으로 성공한다. 여명은 닭살 부부이며 시댁귀신이다.

관성이 인성이 많아서 관설인다(官泄印多)가 되면 탈선(脫線)을 하며 남에게까지 피해준다.

불법 저지르고 자신의 명예는 도용을 당한다.

남말은 듣지 않고 자신 말만 듣기 때문에 민심이 떠나간다.

하급직에 종사하며 조직이 쇠락하고 중심부가 부패하며 봉급이나 공사나 납품 후 돈받지 못하는 경우가 허다하다.

재성(財星)**이** 관(官)을 생하는 것으로 관(官)을 중심으로 재생관(財生官)해야 하나, 관(官)이 약하고 재성(財星)이 너무 강하면 재생관(財生官)이 안된다.

일간이 식상을 식상이 재성(財星)을 재성이 관(官)으로 **재생관**(財生官)**은** 나를 중심으로 관(官)을 이용하는 것인데, 관청과 연계한 사업이나 천연자원과 위험이 따르는 사업 및 유명 브랜드 매장 대리점 프랜차이즈등 이용해서 장사 또는 의식주 활동한다.

재생관(財生官)은 세상을 보는 안목이 뛰어나며, 관성(官星)은 나를 조절하기도 한다. 신왕하면 책임과 절제력을 가진다. 만약 관성(官星)이 없는 명조는 남의 간섭을 받는 것을 가장 싫어한다.

재생관(財生官)은 상하 관계가 분명하니 통솔자로

써 능력이 있는 사람이다. 관성(官星)에 늘 충성하고 관(官)에 종속해야 하는 운명이다. 재생살(財生殺)은 과중과로 하기 쉽다.

관(官)이 재성을 만나지 못하여 보호가 되지 않으면 고관무보(孤官無保)라 하는데, 관(官)은 재성(財星)을 만나야 무너져 가는 국가나 회사를 일으켜 세우게 된다. 그런데 재성(財星)이 없는 관(官)은 그 조직은 무너지게 된다.

이때에 반드시 인성(印星)이라도 있어서 관(官)을 보호해야 한다.

관(官)이 인을 만났을 때를 관(官)이 인성(印星)에게 보호를 받게 되는 것을 관인상생(官印相生)이라고 하는 것이다. 재성(財星)은 백성이요 회사 종사들이고 인성(印星)은 과거의 경험이며 선지식들이다.

관성(官星)이 인성(印星)으로부터 보호를 받아 마땅한데 관(官)은 약하고 쓸데없이 인성(印星)이 많아서 약한 관(官)을 인성(印星)으로 설기하여 기진맥진하게 하면 관(官)이 무너지게 된다.

이러한 명조는 무너져 가는 국가나 회사를 내버려두지 못한다. 비록 월급을 받지 못하더라도 내 자산을 투자하면서 까지 국가나 회사를 살리기 위하여 끝까지 지키려 하는 위국 충정의 열사이다.

 정관격이 많은 식상에게 극을 당하고 있으면 압력단체 근무형이다. 그래서 정관과 식신이 함께 있는 명조는 민원처리 할 일들이 많다. 식신과 합을 이루면 비서직이 적합하고, 대기업 입찰이 잘 된다.
 식상이 많으면 관급 공사일로서 늘 손실을 본다. 그리고 관성이 왕하고 식상을 만나는 것을 관왕식상봉(官旺食傷逢)이라 한다. 사사로운 사건으로 고소 고발 등 민원이 많고 명예손상을 입는다.
 다른 이름으로는 식상과 관성이 서로 대립하여 싸우는 것을 관식투쟁(官食鬪爭)라 말하기도 한다. 민관이 서로 대립하는 형상으로 행동적 변화가 심하고 관(官)의 법통이 재야(在野)의 민간의 단체 앞에서 무너졌다는 뜻이기도 하며, 관식투쟁이 된 사주는 일생 하는 일마다 극복하고 넘어야 할 산이 많다. 만약 운에서 만나더라도 법적인 물음이 있어 세금 폭탄을 당하는 경우도 있다.

辛 己 甲 癸　　壬 丁 己 辛　　辛 己 甲 戊
未 卯 寅 卯　　寅 卯 亥 亥　　未 酉 寅 午

편관이 상관과 합이 되면 상관합살(傷官合殺)이라 하는데 경매 건으로 부자가 된다. 편법과 눈치로 문제 됨을 효율적으로 해결한다.

내 영업장 없이 협상 달인으로 임기응변, 즉흥적, 불규칙, 편법가, 입찰경매 건 귀신이다. 재능인정, 정경유착, 계책과 로비 귀재(鬼才), 상하관계 화합 등 연대관계이다.

상대의 권력과 능력을 이용하여 불법적인 일을 잘한다. 납품권, 중개교역, 비밀계약, 방문판매, 다단계, 보험 등 강자나 약자를 활용하는 관공서나 공공기관의 대행업무 등이다.

편관이 상관에게 생산물 하청을 준다. 큰 기관에서 공장에 발주하고 하청을 주는 것으로 공장에다 물품 납품 허가를 주는 것이다.

식관합= **관왕식약**은 과열경쟁. 관공서와 인연.
　　　 큰 물건당첨

식관합= **관약식왕**은 미분양, 인기 없는 곳. 서민층.
　　　 급변화. 물건하락조직이나 지위 안정이 없다.

庚己乙戊　　丙乙辛癸
午巳卯午　　子丑酉卯

정관과 정재가 만나면 통치자로써 지도자 조직관리자 공생관계 발전자 조직운영자이며 과로 과중 운명인데, 편재는 투자개념이 크고 주인 바꾸어 조직 운영할 수 있는 자이다. 만약 정관이 형충이 되면 평생 직장인이며 공공기관형이라 하며, 정관이 합이 되면 하청업과 인연이고, 비서관이나 부부동업의 사업자 운명이다.

정관격이 편인이 없음을 두려워하고, 인성이 없으면 평생 독신주와 같다. 정관이 재성을 만나지 못하면 윤활유가 없는 것과 같으며, 식상이 많으면 고장난 기계와 같다.

식상대운을 만나면 처녀가 밤길가다 괴한을 만남과 같은 것이다.

정관이 왕하고 재성이 없으면 독단적인 진행자가 된다.

정관이 정인을 생조하면 부모의 음덕과 유산을 받는다. 정관이 편인을 생조하면 선조의 음덕과 재산을 받는다.

관살이 약하고 백호나 刑. 冲. 魁을 만난 명조에 귀(貴)가 깨지므로 표류지명(漂流之命)이 분명하고, 상관을 만나면 실직을 하고 관재구설이나 패가망신을 하는데 자살하기도 한다.

식상이 왕한 사주는 위험에 늘 노출되어 있는 사주가 된다. 만약에 식상왕이 태왕하거나, 일간이 태약하거나, 비겁이 태왕하면 득자별부(得子別夫)를 하고 직업여성이 되며, 일생 貧寒하기 짝이 없다. 여명은 남편이 흉사하고, 남명은 자녀가 흉하게 된다.

관성과 식상이 함께하면 선출직이다.

정관과 정인이 함께하면 우국충정 장기근속 자신을 부각시키는 자다.

관성과 인성이 함께하면 임용직이다.

정관과 편인과 함께하면 종목 바꾸어 장기 근속한다.

정관이 근왕(根旺)하면 독립사업을 한다.

관살이 역마동주는 해외직업과 외국남성과 인연있다.

관살이 없거나 신왕한데 관살이 약한 여명은 성욕에 대한 불만으로 落漏夜宿이다.

관살과 식상이 대립하면 명조는 가권(家權) 활동의 역할을 해야 한다.

정관격이 재성이나 인성이 없고 식상운을 만나면 처녀가 어두운 밤길을 혼자 행보하는 것과 같이 파란이 많다.

신약한 사주가 관살운을 만나면 명예심과 허영심이 발동한다. 신의를 저버리고 개인주의로 빠지고 여난도 많고 방탕하기도 쉽다.

정관이 흉운이 되면 운세가 꽉 막힌다. 패배, 파직, 신병, 재난, 망신, 불륜, 자녀액운을 닥친다.

정관운이 오면 정부나 공공기관에 참여할 일이 생기거나 이권이나 명리에 관한 일이 일이나, 그러한 업무를 맡아 보기도 한다. 인허가 자격증취득, 취직, 취업, 합격, 승진, 영전이 되는 운세다.

*정관격의 성(成)과 패(敗)

正官格= (成: 財. 印)　　(敗: 殺. 食傷)

정관이란 대표적인 길신이다. 그러나 일간을 극하는 기운이기 때문에 정관을 쓰는 경우에는 일간이 왕하고 강해야 된다. 정관 역시 일간이 무력하면 신액이 따르고 심하면 요절하는 수가 있다.

정관격에서는 재성을 만나든지(正官用財), 인성을 만나면(官印相生) 성격이 된다. 그러나 정관격에서는 상관이나 식신을 만나면 대패가 나고(傷官見官), 칠살을 만나도 대패가 나며(官殺混雜), 정관을 다시 만나도 중관(重官)이 되어 격이 떨어진다.

※정관成格들이다.

정관용재	관인상생	明官跨馬
丙戊乙癸	丙戊乙戊	壬壬甲戊
辰申卯巳	辰申卯午	寅午子寅

※정관破格들이다.

관봉식상　관살혼잡

乙壬己甲　甲戊乙戊

巳子未申　寅子卯午

　　부성입묘　　진법무민(재살태과)

경갑정갑 정무을신　　을경임정

오인축자 사술미사　　유자인축

관봉식상격＝ 관액 하극상 직위 난제에 사회적 어려움을 겪는다.

관살혼잡＝ 원칙 공명정대에 문제 생기고 상사에게 미움 받는다.

　　己 丙 庚 丙 : 正官格 逢傷官 敗

　　亥 辰 子 辰

-칠살격이 식상으로 변한 경우

　癸癸己癸　곤명
　亥卯未亥　대운 8

未월 癸수로 월간에 월령 정기인 己토가 투출하였으니 칠살격이다. 그러나 월지 未토가 년지의 亥수, 일지의 卯목과 해묘미 합을 하여 식상국을 이루고 있다. 칠살이 천간에 투출하여 제화되지 않고, 印을 만나 통관도 하지 못하는 경우 패격이 되고 말지만 비록 지지에서라도 會支하여 칠살이 식상으로 변격이 되면 패격이 될 사주가 성격이 된다.

살이 용신이라 초년 서방 인운과 중년 동방 식상운이 좋다. 북방 비겁운은 무난하고 남방 재운에 패가 난다.

-살과 관이 혼잡된 경우

　癸丙癸癸　곤명 (미대재학생)
　巳辰亥亥　대운 4

丙화가 亥월로 칠살격인데, 년월일시 천간에 정관 癸수가 투출하여 있으므로 殺官混雜이 된다. 이런 경우에는 천간에서 상관 己토를 만나서 정관을 모두 극하여 *存殺制官*이 되거나 印을 만나서 정관을 통관을 해야 한다.

일간 丙화가 時지의 巳화에 통근하고 있으나 년지와 월지의 亥수에 의하여 沖을 받으니 일간의 根이 動하고 있다.

일지가 辰토이지만 하나뿐인 일간의 根이 위협을 받고 있는 것은 어쩔 수 없다. 동방운이 좋고 차선으로 남방 운이 좋다. 乙丑대운에 세운 癸未와 지지가 沖할 때 남자 친구 도우려다가 학업 중단하였으나 남자와도 헤어졌다.

-합살유관(合殺留官)-

戊癸丁甲 곤명
午酉丑子 대운 9

癸수가 丑월이라 칠살격인데, 년지의 子수와 子丑 합을 하고 있으므로 合殺이 된 경우다. 이때 시간에 정관 戊토가 투출하여 있으니 합살유관이 된다. 하지만 년간에서 만난 상관 甲목이 정관 戊토를 극할 수 있으므로 病이 된다.

월간인 편인 丁화는 년간의 상관 甲목의 기운을 통

관하여 정관 戊토를 보호하는 相神이 된다. 그러나
이런 경우라 하더라도 천간에서 비견 癸수를 만나 戊
癸합 즉 정관 마저 合去가 되기 때문에 敗격이 된다.
서방과 남방이 차례로 좋다. 영어를 전공한 현역 장
교인데 심리나 의료로 바꿀까 고민 중이다.

11. 偏印의 통변

男: 조부. 계모. 숙모. 이모. 외숙. 증손. 외손.

女: 조부. 계모. 숙모. 이모. 외숙. 시조부. 사위. 손자

비생산업계(非生産業界). 문학예술(文學藝術) 의복술(醫.卜.術.) 공상과학. 고고학. 탐사업무. 출판인쇄. 사회복지. 종교. 철학. 언어 상담사.

(편인 **장점**= 논리적. 경청능력. 심사숙고. 신비주의. 예술적. 철학적 사고)

(편인 **단점**= 의심증. 술수. 모사. 공상. 결정지연. 신뢰감 결여. 용두사미. 변덕. 신경질적. 편견. 이해 폭 적음. 고집 강함)

편인은 매사에 변칙적인 괴이지사(怪異之思)나 변화불측(變化不測) 변태성이다. 주도 치밀하고 재치와 수완이 있고 변덕스러우면서 눈치가 빠르다. 공상적이고 가상적으로 모험심이 있어 새로운 일을 잘 시작하며 매사 처음에는 종횡무진 하지만 집중력 부족으로 유시무종(有始無終), 사사불성(事事不成)이 된다.

편인의 특성은 일생을 통하여 많이 이루기도 하지만 그만큼 많이 패하게 된다. 그렇지만 학술과 예능방면에 소질이 많으며 의사나 학자, 예술가, 배우, 작가, 철학가 등 편업(偏業)에 종사를 하면 그 재능을 발휘하여 크게 성공을 한다.

편인은 곧고 바르다. 정의적이고 의지적이며 타인의 간섭을 싫어하고 잔소리를 싫어한다. 또한 자존심을 상하는 것을 죽기보다 싫어하며 극단적인 행위를 야기 시키는 경향이 있다.

편인은 경재적 인간적인 면에서 파란, 고액, 고난이 많다. 편인이 많은 사람은 재운이 약하며 경재적인 면에서 수단이 부족하며 우수한 지능 기술적인 면인 학술, 예술적인 면인 방면을 재외하고는 생활면이나 처세술에 편견 편중적인 경향이 있다.

편인이 많은 사주는 매사 용두사미 처리하고 처음에는 근면하나 나중에는 게으르다. 권력이 상실되고 병으로 인한 재액이 많으며 일찍이 가족과 생사 이별하여 고독하다. 특히 여명은 남편에게 매 맞고 사는가 하면 과부가 될 위험이 많다. 아니면 집안 망치거나 무자식 혹 자식이 불효하며 남편이 바람을 피우고 가사(家事)를 따돌려 본처 및 자식을 버리는 경우가 있다.

편인이 많으면 색난이 자주 따르고 불행한 일들이 많으나 偏業(편업)인 의.복.풍.기.예(醫卜風技藝) 활인업(活人業)이나 종교 생활로써 업상대체(業象代替)를 하면 무한한 능력이 발휘된다. 명조에 재성과 관성이 있으면 오히려 좋은 사주가 된다.

편인의 장점은 재지발달(才智發達)로 우수한 두뇌로 학술적 방면에 정신기(인성:情. 관성:神. 비겁:氣)가 대단히 총명하게 되어 있다. 특히 예술과 기술과 학구면에서 뛰어난 재능이 있다.

편인의 단점은 신경질적이고 편견적인 성품으로서 독선 독단적 사사건건 이해 폭이 좁아 고집이 강한 성품이다. 그러나 편인이 너무 약하면 결단성이 부족하며 주관이 약하다. 반대로 편인이 강하면 편협적이고 소견이 좁고 고달픈 외길 인생을 살아간다.

인성은 강한 의지는 숨어 있으나 결단력의 부족으로 중요한 시기를 잃고 자문자답(自問自答)을 하고 반성하는 온순한 성품이다. 특히 애정면에서 더더욱 그러하다 인성이 많은 여명은 자식으로 인하여 고생이 많고 남편과 생사이별을 하게 된다. 그리고 인성이 보호가 되지 못하고 파격이 되면 공적(公的)의 업무가 아닌 사적(邪的)을 쫓는다.

  인성이 없으면 나를 위해 잘해주는 사람인 부모와 스승과 선배 주거지의 인연이 주변에 없다. 인성이 없는 사주는 뿌리 없는 나무와도 같아서 사람 볼 줄 모른다. 자신을 수호하는 조상 덕이 약하고 생각 또한 짧다. 학문의 길이 약하고 맹탕이라 비정규직과 같은 운명이다.
  인성이 쇠약한데 많은 비겁에게 까지 설기됨을 인성설기(印星泄氣)라 하는데, 자신의 권리를 도용 당하고 서류말소와 권리를 상실한다. 퇴직, '방 빼요' 통보를 받는다는 뜻이다.

  인성이 과다(過多)하면 부모를 극하여 일찍 이별 후 다른 부모를 섬기는 경우가 많다. 인성이 왕하면 자신을 늘 보충한다. 선진화에 대한 두려움과 구시대적 후진성을 가지고 있으며 먼 곳과 연관성이 있다.
  인성이 너무 많으면 좋은 마음인 선심(善心)의 능력이 없어 무능(無能)하다. 이기적. 외골수. 인색하다.

고리타분. 게으름. 가난하다. 타협이 안 된다. 늘 가르치려고 하고, 배우자복이 없다.

여성은 성 불감증. 고부갈등의 특성이며, 인성이 많아 식신을 극하여 도식(倒食)이 되면 굶어 죽게 된다. 소통이 부족하고 설득력이 부족하다. 인성이 많으면서 식상이 없으면 인색한 사람이며 주위사람을 노예로 부리려고 한다.

인성은 식상을 극하므로 본인은 윤통성이 없이 답답한 사람으로 따돌림을 당하고, 사회 활동에서 사기당하고 성과가 없는 비효율성이다.

庚 壬 甲 庚　癸 丙 甲 戊　丙 乙 甲 癸 미술
子 戌 申 申　巳 寅 寅 寅　子 亥 子 亥

편관이 인성을 생하면 살인상생(殺印相生)이라 하는데 온갖 힘든 일에 총대 매고 살아가는 운명이고, 만약 재성이 인성을 방해하는 재극인(財剋印)이 되면 경재 관리 꾼이며 전략 전술가이다. 편인이 편관을 만나면 공적업무하게 되며 부부사이는 뜻을 맞추려고 노력하는 운명이다.

편인이 혼잡하고 식상이 태약하거나 없으며 겁재가 있는 명조는 직업이 미천하고 가난하다.

戊 壬 甲 寅
申 午 申 子

편인이 있으면서 편관이 충극되고 있으면, 표정관리
가 안되며, 대인관계에서 민첩하고 애교가 많으나, 간
교하여 가식으로 헛웃음을 지으며 상대의 눈치를 살
피고 싹싹하게 아부한다. 금시 친해지고 상황 따라서
변한다. 약자에게는 난폭한 언행으로 쌍욕을 잘한다.
편관이 왕하고 편인도 왕하여 함께하면 이중성격을
갖는다.

辛 癸 己 癸
酉 未 未 巳

편인이 정관을 만나면 자신의 위치에서 탈선하기 쉬
우며 정치성을 가지고 살아간다.

戊 辛 丙 己
戌 未 寅 未

편인이 비견을 만나면 일상생활의 틀에서 변화를 추구하고 지적 재산을 소유한다.

丁 戊 丙 己
巳 辰 寅 未

편인이 상관과 합을 하면 창작 예술가의 재질을 가지고 있다.

辛 戊 丙 己
酉 午 寅 未

편인이 정재와 합을 하면 속사정 주고받는 사람이 된다.

壬 甲 癸 戊
申 午 亥 申

편인이 많고 재성이 없어 제극하지 못한 명조는 평생 가난하게 살아간다.

```
甲 丁 乙 甲    戊 壬 戊 庚
辰 丑 亥 寅    申 午 子 子
```

일간이 극신왕 명조의 식상을 운에서 인성이 합거 하면 식상으로 소통되는 배설구가 막힌다. 이러한 인성 운에서 정신 나간 짓을 하거나 정신분열이 오거나 귀신에게 빙의가 된다. 병술년에 명조의 신금(辛金)과 합이 되어 정신 이상이 된 사람이다.

```
乙 戊 辛 己
卯 辰 未 丑
```

편인이 흉운이 되면 실직, 공상, 사기, 해약, 비밀폭로, 빚 독촉, 사문서 위조, 중독, 귀신(鬼神), 자녀액(子厄)의 재앙을 일어난다. 편인은 선조 조상인의 수호신이 되므로 가까운 사찰에 찾아가 조상님께 기원해보라, 전화위복(轉禍爲福)의 길을 꿈에 현몽(現夢)을 한다.

편인운에서는 예능방면, 침술, 역술, 각종 특기적인 기술 배우러 다닌다. 식신을 용신으로 할 때 편인을 만나면 도식(倒食)이 되어 밥그릇을 엎어놓기 때문에 실직 경영부진 파산 등과 오락이나 도박 게임으로 비트코인 등으로 가산을 탕진하다.

편인운은 괴이한 일들이 주변에서 많이 벌어지고, 배신과 착각, 사기, 도난, 부도, 사건 등 직업이나 직책에까지 부득이 변동이 따른다. 특히 영적으로 조상님의 혼신이나, 계모, 이모 등의 일로 어려움을 당하게 된다.

만약 관살이 왕하면 이와 같은 일들은 강하게 작용하므로 사문서 위조, 부도, 수표, 카드, 도박, 잡기 등으로 입건 구속되는 일들이 발생을 한다.

인성운(印星運)에는 급하지 않은 매매건의 문제가 일어난다. 서로 합의를 도출하면 매매가 잘 이루어진다.

인성운이 오면 식상에서 재성, 재성에서 관성처럼 자중력(自重力)이 부족했던 과거를 깊이 반성하고 미숙하고 단순하고 경솔했던 자아를 깨달아 수신(修身)하게 된다. 즉 정신적인면의 윤리 도덕성과 이성적인면의 최고의 경지에 도달하는 시기가 된다.

비겁과 인성은 이념적 추구를 위한 행위이며, 식상과 재성은 이념을 탈피하고 현실에 도전하는 행위임을 함께 알아두어야 한다.

※ 편인성격들이다.

합살유관	식신생재	편인파격: 재극인
癸丙壬丁	癸戊辛庚	甲戊丁癸
巳申寅巳	丑申巳申	寅申巳亥

양인합패 –을묘 정해 갑자 정묘

살봉.식신 성. 봉재 패-**정사 무신 임자 갑진**

12. 正印의 통변

男: 대고모. 조부모친. 장인. 숙모. 외숙모. 외손녀.
  증손녀
女: 대고모. 조부. 모친. 손자. 숙모. 사위

언론문예. 생산직 과학계. 재활치료업. 기획정책. 임대사업. 생산성과 관계된 일. 출판 관련업. 교육용 장난감. 문구류. 교육 학문 문화 예술 콘텐츠 학원

(정인 **장점**= 보수적. 안정추구. 도덕적. 무한신뢰. 학습지향)

(정인 **단점**= 무기력. 혁신성 결여. 융통성 결여. 귀가 얇다. 간섭 심함)

정인(印授)은 총명하며 지혜가 많으며 용모 단정하고 온후하고 자비심이 있으며 행동이 바르다.
  정인은 항상 혜택을 받고자 하는 의식과 위 사람을 존경하고 이들로부터 무엇인가를 있기를 기대심리가 강하다. 그래서 이기심이 강하고 베풀기에 앞서 먼저 받고자하기를 좋아한다.

정인의 특별함은 무지를 퇴치하고 지식을 개발하는 학문의 정신을 가지고 있다. 그래서 자신이 살아갈 집에 관심이 많은 반면 편인에 비해서 제테크에 관심이 적은 대신, 학문 종교 예술 문학이 뛰어나며 교육자에게 많으며 생산직과 어학과 고전분야에 취미가 많다. 그리고 가족들에게 남다른 애정심이 많다. 단 결단력 부족으로 중대사의 시기 놓치기 쉽다.

인성이 없으면 생각이 짧다. 나무가 뿌리가 없음과 같으며 브레이크가 없는 자동차와 같다. 방관자로써 건망증. 학문의 길. 경청. 자신수호. 조상덕이 약하다. 인성이 없으면 부모가 없음을 가슴 늘 아파하고 그리워한다. 인성이 없이 인성이 약하면 직무 수행을 못하며, 인성이 없이 신태왕(身太旺)하면 자영업을 한다.

인성이 너무 많으면 인성과다(印星過多)라 하여 본성이 착하나 무능하여 학문은 늘 좋아하나 경제 활동을 소홀하여 가난하다. 늙어 죽을 때까지 못난 학자요 만년 선비의 운명이다.

남녀 부부 덕이 없고 자녀가 있으나 불효하며 성격은 게으르고 이기적이며 외골수에 인색하고 고리타분

하다. 타협이 안 되는 사람이며 늘 상대를 가르치려고
하는 속성이다.

여명은 성 불감하고 고부갈등이 심하다. 인성이 많
으면 부모에게 의존한다. 부모가 있을 때만 부모에게
잘하며 외가 세력이 강하다.

만약 정인격이 인성과 함께 있으면서 일간이 근왕
(根旺)하면은 부속기관에 운영자가 된다.

인성이 많으면 명품을 선호하나 기능저하 상품이며
늘 선진화를 두려워하며, 생각은 늘 과거에 머물러 있
는 사람이면서 실수 잘하고 옹고집. 언어 폭력자. 편
견 강함하며 사람차별 가린다.

특히 인성이 많고 관성이 약하면 인왕관약여명(印旺
官弱女命)이라 하는데 남편이 개 돌보는듯 하는가 하
면 남편 능력에 불만으로 환승한다. 인성이 많고 관성
이 없으면 애인이 많은 것이다.

戊 辛 己 庚　　　丁 戊 丁 庚
子 亥 丑 子　　　巳 申 亥 子

정인이 년이나 월지에서 태왕한 재성 또는 형충사묘
절(刑.沖.死.墓.絕)을 만나면 모친 일찍 망하고, 정인
이 재성과 월. 일에서 암합이나 월지에 도화나 망신살

있으면 모친이 재취를 한다.

정인과 편재와 합을 하면 번화가에 합법적 투자를 하며 종교. 언론. 출판 사업으로 성공을 한다.

인성이 비겁이 많아서 설기가 되면 시샘-질투가 많고 짝퉁과 인연이 많으며, 이단에 빠지는가 하면 계약 등이 말소된다. 특히 명예를 도용 당하거나 빌려준다. 인성이 왕하고 재성이 없는 여명은 음탕하거나 화류계 운명이 많다.

인성이 재성을 만나면 인수봉재(印授逢財)라 하고 재극인(財剋印)이라 하는데, 일찍이 학업이 중단을 하거나 낙방을 하는데, 속물 인간이라는 소리를 듣는다. 재극인(財剋印)의 명조는 나이 어린 상사인 윗사람을 모시고 일을 한다.

상대의 말 동조하지 않고 자기의 특별한 생각만 주장하는 것이 특징이다. 상사와 부모와 인연이 없으며 돈과 여자로 인한 재앙이 따른다.

특히 재성이 인성을 탐하는 탐재괴인(貪財壞印)이 되면 극빈자가 많고 방탕심리가(印用神 財運敗亡)망치는데, 물질이나 돈에 탐닉을 쫓아 품위나 인격을 손상해가면서 돈 재물을 모은다.

丁 癸 庚 戊　　辛 壬 丁 丙
巳 卯 申 午　　丑 申 酉 戌

인왕하고 재가 왕하면서 관성을 생하면 위정자다.

인성과 화개(華蓋)와 동주하면 명필이 되고 그림 그려서 이름 날린다.

인성이 年.月.日.時에 잇따라 놓여 있으면 명한 학자 운명이다.

인성과 식상이 함께 놓이면 교육자의 운명이다.

인성이 비겁을 많이 만나면 구류(九流)술사의 운명이다.

정인격이 인성과 함께 있으면 닭살부부라 한다. 소속형이며 공무수행이다.

정인격이 인성과 함께 있으면 상관은 허가. 자격증. 만약 재생관까지 되면은 조직 경영자가 된다.

정인격이 편관과 인성이 함께 있으면 진로 수정을 하고 직업이 바뀐다.

정인격이 상관과 함께 있으면 자격증이며 개업형이며 자영업자이다.

정인격이 겁제와 함께 있으면 개인적 재능-특기 공개된 지식 맹목적 무료화가 된다.

정인격이 겁제와 관성이 재성과 함께 있으면 상품을 유료화한다.

정인격이 상관패인이나 재격패인이 되면 국가 자격증이며 법무 책임자이다.

정인격이 재극인이 되면 우유부단하나 재테크 경제 분야에 사업재능이 있다.

인성이 년.월주에 있으면 초년에 공부를 잘하고, 시주에 인성이 있으면 뒤늦게 학문을 즐긴다.

정인이 관살혼잡이 되면 직업이나 생활이 자주 바

뀐다.

정인격이 비견과 함께하면 전공을 수정한다.

丁　戊　戊　丙
巳　申　戌　辰

정인격이 식신과 합하여 변하면 프린랜서이다.

癸　丙　戊　乙
巳　辰　寅　巳

　정인운이 되면 길운이 될 때는 어머니와 부모에게 경사가 있고 부모의 도움이 있다. 또한 위 사람의 도움과 유산이나 시험합격, 학문 향상 등이 있고, 재성이 많은 정인은 재산서류, 유가증권이나 안전 자산권의 재산상의 즐거움이 있다.

　주변에 귀인이 나타나 돕는 운이며, 표창이나 승진 영전의 기쁨도 있으며, 가정과 주택이동 재산상 거래나 확장 증설 기회이며 재산상 이득도 있다.

　단 정인이 흉 운일 때는 이와 같은 일들이 반대로 변한다. 무기력. 감언이설. 문서사고. 좌천. 우환. 자녀근심이 따른다.

*인격(印格)의 성(成)과 패(敗)
印 格= (成: 官殺. 食傷. 比肩. 劫財)　(敗: 財)

인성이란 인성은 재성과 마찬가지로 정인이든 편인이든 둘 다 길신이므로 정편(正偏)을 가리지 않는다. 인성은 관살로부터 생조를 받음이 제일이고, 비겁이 있어서 재성으로부터 보호를 받아야 한다.

　인성격은 정관이나 칠살을 만나면 성격이 된다. 또한 비겁이 있어 재성으로부터 인성을 지켜주는 경우에도 성격이 되며, 재성이 없어 식상만을 만나더라도 기운이 유통되므로 성격이 된다. 그러나 본명이나 대운. 세운 천간에서 재성을 만나면 패격(敗格)이 된다.

　인성격에서는 특별한 세 가지의 경우가 있다.

　첫째 인성과 일간이 왕할 때 정관이 투출하면 정관 자체가 용신이 된다.

　둘째 인성과 일간이 왕할 때 칠살을 만나면, 고독하거나 빈곤한 사람이 된다.

셋째 인성이 길신(吉神)이기는 하지만 너무 왕할 때는 재성을 쓰임인 용(用)으로 삼는 경우도 있다. 만약 인성이 뿌리가 깊다면 재성이 인성을 파(破)하여도 무방하다.

※印成格들이다.

인수용관	인수용살	비견이 용신보호	식상있음
丙丙乙癸	壬壬辛戊	庚丙丙甲	戊丙己乙
申辰卯丑	辰午酉子	寅申寅戌	戌子卯未

※印破格들이다.

인수봉재.재극인	인격합거
戊丙辛乙	戊庚癸壬
戌寅卯酉	寅申丑寅
	건설회사.무오운대발
	기미운거지 되었음

봉살 성.봉재 패= **경신 무자 갑자 무진.**

비견합관. 극재 패= **기해 을해 을사 경진**

自走心為師
不依他為師

群山聖興寺 松月

직업 찾아서 보는 법

직업 찾아서 보는 법

1. 십신(十神)

比 肩= 공동사업, 株式, 중개업무, 유통업, 관광업, 고위공무원, 기록운동, 노동업, 사회. 기획. 방송인 자유 업종의 계열이다.

劫 財= 채권업, 건물 관리업, 운수업, 자격 취득후 사무실운영, 농업, 범죄학, 체육학 자유 업종의 계열이다.

陽 刃= 의료, 활인술업, 군검경, 어업, 칼. 연장 쓰는 자영업, 특수전문업종의 계열이다.

食 神= 연설, 방송인, 종교, 교육, 연구직, 사회 복지

업, 시비스, 식품사업, 수리 정비업, 사육업하는 업종의 종류인데 식신생재격은 사업가이고 의식주나 제조업이 맞다. 재성이 없으면 교육계, 학계가 맞다. 연구열이 있으니 연구 직종도 맞다. 성격이 명랑하니 소개업도 좋고, 수화가 왕성하면 요식업도 좋다. 기타 財가 金이면 금융업. 예술, 농어민, 연구발명가, 의약업, 탁하면 기술직, 재성이 약하면 봉급생활자다.

傷 官= 예. 체능, 연예인, 교육, 어학, 강사, 언론, 비평가, 창작, 영업, 서비스 관련 업, 유아 가축 등의 관련업종이다.

상관생재는 사업가며, 말하는 직업인 교사, 강사, 변호사 등이 맞다.

예술가, 음악가도 많고, 연구 직종이나 발명가도 많다. 시청각과 관련 있는 방송연예 계통도 맞다. 기술계통은 발명개발의 정보기술, 기술자, 기술계통학자도 맞다.

偏 財= 대형사업, 리더, 정재계, 구매직, 수입판매업, 재활용, 매장, 프랜차이즈 사업. 경제인, 일반사업에 적합하고 금전의 출입이 많은 중개업, 사채업이 좋다. 역마살이 있으면 무역업이나 물품의 이동이 많은

도소매, 유통업, 증권, 주식, 복권 등 투기업종에 맞다. 재성이 약하면 회사원이다.

正 財= 자영업, 은행원, 회계, 세무계, 데이터분석업, 수학 관련, 상표업, 부품업, 경재학 관련 업종이다. 투기적인 일을 제외하고 금융업, 신용사업, 안정적 사업 등 신용을 바탕으로 하는 사업이 맞다. 그릇이 작으면 봉급생활, 회사원이다. 재다신약하면 은행원 등이 된다. 신왕하면 제조업도 맞다.

偏 官= 군경검, 실무단체장, 의료, 활인업, 종교, 골동품, 공학계열, 격투기운동, 경호업, 경영인, 지도자 관련 업종이다. 제살합살 되어 격국이 청하면 사법계통이나 경찰, 군인도 맞고 세무공무원, 정부의 권력공직자가 맞다. 재성이 칠살을 생조하면 건축업, 청부업. 격국이 뚜렷하지 않으면 장사, 기술자이다. 대인관계가 많은 일도 맞다.

正 官= 공무원, 고위정치인, 리더, 행정관련업, 관공서, 납품업, 대리점, 정직한직종의 관련 업종이다. 격국이 좋으면 공직으로 나가면 된다. 공무원, 정치가, 법조인, 회사원, 사주가 탁하면 장사, 기술계통이다.

偏 印= 종교, 철학, 의료, 심리상담, 공상과학, 고고학, 탐사, 조사, 출판업종, 광고통신업 관련의 업종이다. 의약사, 예술인, 작가 등 전문직종이 맞다. 연예인 정치인, 역술가, 종교인, 언론인, 체육인 등 자유로운 직종이 많다. 사주가 탁하면 기술직이다. 대체로 자유롭고 작업시간에 구애를 받지 않는 일이 맞다. 야간직업도 많다.

正 印= 교육, 학원사업, 대서, 사무관련 사업, 임대업, 부동산, 서적관련, 문구관련. 생산업 관련 업종이다. 박식하니 학식을 필요로 하는 문과계통의 일이 맞다. 학자나 교육계통이 맞고 자선심이 있으므로 자선사업, 육영사업도 맞으며 조상과 뿌리를 중시하므로 조상대대로 내려온 일을 이어받는다.

2. 직업과 오행과 신살

첫째, 오행(육친오행포함)으로 직업의 큰 흐름을 잡는다.

둘째, 격국용신으로 구체적인 직업을 정한다.

셋째, 일주가 극신약 또는 극신왕하면 고용직이 좋다.

넷째, 일주가 왕하고 용신이 왕하면 자립사업 대성공

한다.

팔품(八稟)과 진료 적성

자축(癸): 지식.어문(철학적 사유. 개인적 지식함양)

인묘(甲): 교육.문과(습득. 자격증. 응용력추구)

(乙): 사회.행정(정책. 인간운용. 대인관계)

진사(丙): 교류.관리(경력. 책임. 광고 마케팅. 사회교육)

오미(丁): 기술.개발(연구. 금융. 회계. 대중화. 부동산.
만물)

신유(庚): 생산.산업(숙련자. 바이오. 차세대 공 산업)

술해(辛): 제품.운용(판매. 유지보존. 문화제. 동반성
장성 복지)

(壬): 시장.유통(통상. 인터넷. 온라인사업)

+ 陽命(문과)=성장주도형. 성장과 퇴보. 실력 능력의
대접 받고자 함. 적성불안. 개인적 선호도 있다.

- 陰命(자연)= 지킴과 유지. 유통. 가진 것에 대한 대
접 받고자 함. 진로적성 없이 돈 잘 버는 것이 꿈. 자
신의 안정성 추구.

刑 殺= 나와 남을 구속하는 직업. 끊고 자르는 직업.

죽이고 살리는 업. 貴命일 때는 생살부를 쥔 군. 경. 검. 의료계통. 금융권 직업이다. 격이 떨어질 경우는 간호사. 미용사. 특수기술자. 설계. 두둘기는 직업이다.

寅申巳亥= 일명 역마살이라 외교관.해외.여행업.운전업.떠돌이 장사꾼.

甲申卯午辛= 일명 현침살(縣針殺)이라 무언가 섬세한 직업. 활인술. 역술. 의사. 건축사. 무관. 고기잡이 하는 직업이다.

辰戌丑未= 일명 화개이며 창고라 한다. 번복하는 직업계통이 많으며, 종교. 장의사. 하수구. 쓰레기. 청소. 고물. 보관업 등.

水 식신생재= 음식물업. 여관. 카페. 무역업. 수산업. 유통. 해양.

水 관성= 자유업. 상공업. 수산업. 기능업

火 식신생재= 여관. 식당. 열-화 공업. 전기. 전자. 통신유통. 주유.

火 관성= 문화. 교육. 예술분야. 감사분야. 방송. 언론.

火 土 일간= 辰戌丑未月生은 성악 소질.

土 식신생재= 농업. 축산. 미곡. 토지매매. 건축.
　　토석. 토목사업.

土 관성= 농림. 토목분야

金 식신생재= 공업. 철물금속. 금은방. 광산업.
　　다리공사. 금리

金 관성= 군인. 경찰. 검찰. 병원. 요양원. 재정.
　　경제분야. 금융권

木 식신생재= 목재상. 가구업. 산림조재업. 특수작물.
　　유기농. 목장

木 관성= 행정기관. 사업. 총무 기획. 교육기관. 방송

木火通明 사주= 노래불러 명창이다. 음악계통

관.살격이 **土**성이면= 농림 토목분야

관.살격이 **水**성이면= 자유업. 상공업. 수산업. 해양
　　기능직

관.살격이 **火**성이면= 문화 교육 예술분야

관.살격이 **金**성이면= 군. 경찰. 정치 경제분야

관.살격이 **木**이면= 행정기관. 사업. 총무기획담당

관.살과 **印星**이 **역마.지살**에 놓이면= 외교관.
　　해외파견. 통역관

3. 분야별 업종

문과예술계통

① 水木이 왕성한 사주.

② 木生火, 水生木, 金生水가 된 사주.

③ 食傷이 水木이고 천간에 食傷이 투출한 사주.

④ 印星과 食傷이 힘있고 財官은 약한 사주.

이과기술계통

① 火土金이 왕성한 사주.

② 火生土, 土生金이 된 사주.

③ 食傷이 火土金이고 천간에 食傷이 투출한 사주.

公職者 사주

① 官星이 투출하고 재성이 힘이 있어 돕는 사주.

② 官印相生되는 사주.

③ 정편관격에 재운이 올 때.

④ 官印相生이 되고 官印이 합된 사주.

⑤ 정관격에 인수가 투출한 경우.

⑥ 정관이 희신인데 나타나지 않았으나 지지에서 官局을 형성할 때.

⑦ 판검사 등 사법관은 편관격, 삼형살 등이 보인다.

⑧ 경찰은 편관격, 양인이 있고 형충파해가 있다.

⑨ 군인은 사주에 金이 많고 초년대운이 火運이 올 때.

⑩ 合化格의 眞格은 고위공직자로 크게 출세한다.

事業家, 장사

① 食傷生財가 잘되고 官이 약한 사주.

② 인성이 없고 비겁이 많으며 食傷, 財가 강한 경우.

③ 무역업은 식신역마, 火와 水가 많다.

④ 水財역마지살은 운수업, 火財에 비겁역마도 운수택배업.

⑤ 木이 財星이거나 火土金이 많으면 토목업. 건축업.

⑥ 火가 財星이면 유통업, 접객업, 서비스업.

⑦ 金이 財星이면 장사.

⑧ 水가 食傷, 財星이면 교통관광운수업.

⑨ 火일주로 火氣가 강하고 金財水官용신이면 식당.

⑩ 편관격이고 편관이 강하며 土이면 부동산중개업.
살인상생이고 인성이 土이며 화토가 강하여도 부동산중개업.

學者, 敎育者, 言論人

① 정인격에 정관이 투출하여 생하면 학자.

② 인수金용신이면 학자, 박사.

③ 木이 강하고 木火通明이 되며 관성이 있는 사주.

④ 정인격에 식신용신이면 연구원.

⑤ 식신격에 정인이 투출해도 연구원.

⑥ 木火일주에 인성이 강하고 식상이 투출하면 대학 강사 등.

⑦ 식상은 강한데 편관이 약하면(制殺太過) 교사.

⑧ 상관격에 정인용신(傷官用印)이고 정관이나 편관이 약하면 교사.

⑨ 정인격에 식신용신이어도 교사.

⑩ 木일주에 여름생으로 火氣가 태왕하면 교사.

藝術家

① 식신상관이 왕성하고 천간투출한 사주.

② 화개살이 있고 인성이 화개살이거나 문창성이 있는 사주.

③ 일간이 乙丁己辛癸로 일지巳火이고 火가 투출하면 미술, 방송, 영화 등 예술계통.

④ 水木食神格 : 음악가.

⑤ 도화살이 상관이 강하고 편인이 있으며 水氣가 많으면 연예인.

會社員

① 특별히 강한 오행이 없는 사주.

② 재성은 힘이 있으나 관성이 약하거나 없는 사주.

③ 식상이 金이고 정재와 합은: 은행원, 보험사, 금융업종의 회사원.

④ 金이 투출하고 火土金이 많은 사주 : 토목건축회사 근무.

⑤ 食神水가 있고 水運을 만나면 : 식품회사에 근무.

⑥ 칠살이나 식신이 金이고 역마지살이 있으면 : 철도청 근무.

⑦ 寅巳刑이 역마이면 : 드럼사업. 항공업, 스튜어디스 등 근무.

⑧ 정재격 : 관리직, 金정인격 : 기획실.

⑨ 火財용신이거나 火財가 천간 투출하고 식상생재 : 영업직.

活人業(醫師, 宗敎人, 易術人)

① 土가 많고 戌亥천문(특히 일지戌亥)이 있는 사주.

② 卯 酉 戌 字가 상봉한 사주.

③ 인성격 또는 일지가 편인, 편관인 사주, 신왕에 관성이 쇠약.

④ 정재 편재격이거나 재성이 힘이 있고 삼형이 있

으면 한의사.

⑤ 식신 투출하여 生財하고 일지 술해 천문이면 의사.

⑥ 일주태왕에 비겁 인성운, 전왕격에 재관운, 윤하격이면 승도인, 火土태왕은 스님.

⑦ 월지나 일지에 편인이 있고 관성이 없거나 공망이면 역술인.

⑧ 辰戌沖이 있거나 卯酉가 있을 때 역술인.

技術者(엔지니어)

① 엔지니어는 칠살이 천간에 투출되고 土金木인 경우가 많다.

② 칠살이 강하고 土金이면 제조업, 엔지니어이다.

③ 칠살이 강하고 木이면 토목건축 엔지니어이다.

④ 土일주로 金이 투출하고 土金이 강하면 건축업이다.

⑤ 식상이 강하고 木이며 사주에 土가 있으면 토목건축업.

⑥ 상관이 강하고 火土면 전기전자기술자이다.

　　인성이 강하면 프로그래머 등 연구직.

⑦ 水일주에 여름생이고 火土가 강하면 엔지니어. 설계 등.

⑧ 金일주에 인성이 강하고 목재성용신이면 설계

엔지니어.

　⑨ 金식상에 木관성이 강해도 설계엔지니어.

　　　火일주에 金용신 : 철강, 기계, 금속, 자동차, 제련 등.

　　　水日主에 火용신 : 전기, 전자, 통신.

　　　丙日主에 水용신 : 화학, 식품.

　　　辰, 戌등이 많을 때 (인수가 왕성하면 木工業)

自營業, 계약직, 프리랜서

① 비견겁재가 많은 사주.

② 火일주가 火氣가 강하고 金偏財가 있는데
　　金대운을 만나면 사채업을 한다.

③ 木일주가 관성이 강하고 인수용신인데
　　관인이 합하여 水가 되면 여행사.

④ 식상생재이고 재가 강하며 인수가 있으면 학원
강사.

⑤ 토일주에 목용신이고 목이 힘 있으면 원예사.

유흥업,투기업

① 水식신상관이 도화역마이면 유흥업이다.

② 여명이 상관도회이고 합이 많으면 유흥업소 종업
원이다.

③ 여명이 관살혼잡이고 水식상이 왕성하면 유흥업

소 일한다.

4. 직업 유추

직업= 용신 40%. 월지육신 30%. 많은 것 20%. 신살
10%. 대운계절의 方에 따라 직업은 바뀐다.

양팔 통 사주는 (貴. 관리적 경영 리더)
음팔 통 사주는 (富. 실리적 관계 서비스 친절 독립업)

사주가 양양- 음음- 상극 명으로 되면 = 친절위주
사주가 음양- 양음- 상생 명으로 되면 = 재능위주

일간 극신약 사주는 : **자기관리 못하고 부모이별.**
일간 극신왕 사주는 : **욕심 극심하고 조업파산 부모
사망.**

일간이 : **乙丙戊庚癸는 사회적 활동을 위하여 인맥을
쌓아라.**
일간이 : **甲丁己辛壬은 먼저 자신의 수양을 하면서
내공을 길러라.**

가. 직장이동이 적은 사람 : 격국이 뚜렷하고, 용신이 힘있는 사람.

나. 직장이동이 많은 사람 : 격국이 뚜렷하지 않고 용신이 약한 사람. 일지관살충. 일지비겁충. 편인격. 역마지살이 많은 사람. 食傷역마지살.

比: 운송. 주식. 다단계. 사회운동

食: 교육. 생산. 언론. 예술. 자기취미

財: 사업, 운영관리. 시장판매

官: 경영리더. 유통. 납품. 체인. 매장. 용역

印: 인허가. 학문. 문화. 임대. 복지

合: 생산. 화학. 연합

刑: 가공. 권력. 제품변형

沖: 조정. 청산. 개발. 이동

비겁태왕=독립사업. 醫卜風. 자유업. 기공업(機工業). 공동사업 실패

관.살태왕 사주가 제화(制化)가 없으면= 주객 맞는 화류계다.

식신격= 학자교사. 식신생재와 식상용재는 실업계.

양조. 유흥. 서비스업이다.

상관격= 흥행가. 재성을 만나면 상업. 관살을 만나면 편업에 종사한다.

편재용신= 사회방면이 제일. 큰사업. 금융. 청부. 중계업. 해외투자다.

정재용신= 상공업적합. 투기업금물. 재성이 약하면 외교행상. 근무업종이다.

편관용신= 무관계통. 청부. 건설. 개발. 조선. 항공. 중개업. 경쟁사업이다.

정관용신= 공직계통 정직을 모든 업종. 正官多命은 기술계통 근무다.

편인용신= 편업이라 醫.卜. 기술. 예술. 작가. 통역. 출판. 인테리어다.

정인용신= 교육. 학문. 언론. 문화. 문예. 생산. 양육

식상과 관살관계= 선출직이며 상대가 필요로 한다.

관살과 인성관계= 임용직이며 자신이 실력을 쌓은 것이다.

食有財無 : 시장성 없는 현금화. 생산업. 출하업. 자
영업이다.

食無財有 : 특수재능. 非생산업. 증권. 사채. 복권소.
두뇌업이다.

食無財無 : 공상가. 돈벌이 없는 사회활동. 재고가 없
는 업종이다.

官無印無 : 고용인. 자영업

官有印無 : 대가보상 부족. 常勤직

官無印無 : 선비형. 진급 없는 연구전문직. 평사원

(**食神이 正官**과 함께하면: 요식 납품 체인점 강사)
(**傷官이 正官**과 함께하면: 방송 예능 복지 무허가)

(**財星이 食神**과 함께하면: 자영업 제조 생산)

(**財星이 印星**과 함께하면: 자격증 임대 경재)

(**正官이 財星**과 함께하면: 금융 경재권 관리권)

(**正官이 印星**과 함께하면: 조직력 결제권 경영권

법인 통장)

印星과 財星이 놓이면: 신경성. 위장. 소화기

印星과 比肩이 놓이면: 수족. 뇌성마비. 소아마비

正官과 食神이 놓이면: 당뇨병. 저혈압. 심장마비

正官과 比肩이 놓이면: 중풍. 골절상

食神과 比肩이 놓이면: 허리. 수족. 근육. 관절

상관격이 **인성왕**= 문예방면 배우 가수 소설작가 서
예가로 有能하다.

상관격이 **재성**= 상업. 흥행업종이다.

상관격이 **관살**= 편업종사. 비생산업. 예능계다.

상관격이 **재성이 無**=물사업 및 흥행업 대실패. 고정
직 가져라.

상관격이 **인성왕**= 문예방면. 연예인. 소설가. 서화가. 조각가이다.

5. 職業 판단하는 법

*직업은 오행으로 기본 방향을 잡고서
격국용신(格局用神)으로 구체적인 직업을 정한다.
이때 반드시 대운의 흐름을 보면서 직업을 판단한다.
환경의 영향을 받기 때문에 사주만 보고 판단하면 맞지 않는다.

격국과 대운은 관성(慣性)과 같으니 자연적인 성향이라 가만히 놔두면 저절로 그 방향으로 나아가게 되어있다. 그에 비해 용신은 발복하는 방향이다.

*월지 및 용신과 상신과 일지를 먼저 분석하고
전체 짜임을 보고 부귀빈천부터 가려본다.
사주와 대운의 方을 대조하여 변화 과정을 세밀하게 살핀다.
사주 내에 인(印)이 있는지를 확인해야 한다.
특히 일지에 인성(印星)이 있으면 학문을 바탕한 직업을 갖기 쉽다.
초. 청년 대운에 비겁. 식상. 재성운 흐름은 부모와

학문덕 없다.

　초.청년 대운은 대체로 印운과 官운이 좋다.

　(1) 格局用神이 일치할 때

　(2) 格局用神이 불일치하고 용신이 왕성할 때

　(3) 格局用神이 불일치하고 용신이 약한데 대운이 용신운일 때 직업을 용신방향으로 잡으면 된다. 오행과 십신으로 직업을 정한다. 예컨대 화(火)-상관 용신이라면 말로 먹고 사는 직업(강사 등)이나 전기전자통신기술로 연구개발해서 재물을 얻는 직업이 맞는 것이다.

　(4) 格局用神이 불일치한데 용신이 약하고 기신운일 때 용신이 힘이 미약하면 자연적인 성향이라 그냥 놔두면 격국 또는 강한 오행 방향으로 진로를 잡게 되어 있다. 하는 일이 마음에 안들고 항상 불만족스럽다.

　기신(忌神)이므로 성과도 없다. 억지로 용신방향으로 진로를 정할 수 있다. 일은 마음에 들고 즐겁다. 그러나 자연적인 성향과 맞지 않으니 힘들고 자꾸 걸리는 방해요인이 생긴다. 그럼에도 불구하고 고통을 참고 일하면 복이 찾아온다.

　*결론-격국(體)과 용신(用)과 성격에 모두 부합하

는 직업을 찾는다.

이런 직업은 일도 편하고 즐겁게 일할 수 있다.

木局用神= 초목화초, 문화예술, 유통목재, 가구, 제지, 출판, 농업, 원예업이 맞다. 역마가 있으면 유통업을 겸한다. 유통업은 의류, 차류, 꽃 등을 취급한다.

火局用神= 유류가스, 전기전자통신, 패션이미용인테리어. 역마살은 항공운수업종이다. 유류, 가스, 화기, 자동차업종과, 전기, 전자, 통신업종도 맞다. 금수가 왕성하면 화기, 유류, 가스, 제철, 기계 등이다.

장사라면 이미용업, 패션사업, 인테리어업종. 金이 없고 水가 있으면 정보통신업.

土局用神= 부동산관련업종, 토목업, 건축업, 부동산임대업. 역마가 있거나 화가 왕성하면 부동산중개. 농업, 축산업, 과수원도 맞다. 火와 水가 많으면 해외무역업이다.

金局用神= 제조업은 기계, 금속, 설비업, 철강업. 기술계통은 차량, 중장비, 정비업이며, 유통업은 보석상, 철재상, 고물상도 맞다.

水局用神= 교통 관광업, 수산업이 맞다. 장사는 술집, 주류판매, 호텔여관업.

6. 직업이 보인다

비견겁재가 많은 명조는 자유직업이 좋고, 빈손으로 이익을 보는 것이다. 또 공동사업의 운명이다.

상관파진(破盡)된 격은 학문, 기술, 변호사, 평론가, 재판관, 법무사, 상담사 등의 운명이다.

상관토수격(傷官吐秀格)은 기술 발명 등의 운명이다.

상관생재격은 기술적인 상업, 특수기술자, 인터넷사업, 컨설팅, 마케팅, 예술, 전당포, 보관업, 고물상, 운송 광고업 등의 운명이다.

식신격은 봉급생활 또는 문학 문화의 업이 적합하다. 그러나 파격되지 않고, 문창이나 천을귀인 등이 있으면 문학 고급기술 등의 운명이다. 특히 목화(木火)의 식신격은 이 방면에 더욱 좋다.

재격이 신왕하면 각종 상업이나 사업가이며, 금융업 무역업 유통업을 하면 적합하며 큰 이익을 얻는다. 만약 신왕하고 재성이 약하면 공업이나 기공(技工)의 업종의 운명이다.

　　재성과 관성이 왕하고 신왕하면 자립하고 창업을 한다. 주변에 원조자나 후원자들이 많이 나타나서 돕는다. 재성과 관성이 나란히 나타나면 대기업으로 경제(經濟)에 관여하는 업의 운명이다.

　　편관격이 양인과 같이 있고, 신강하면 관공직 또는 군인이나 의사의 운명이다.

　　관살중중(重重)으로 보면 구류술가(九流術家)의 운명이나 신약하면 고급이 아닌 하급직에서 살아간다.

　　정관격에 재성이 있어 관을 도우면 공관직 또는 명예직을 지게 되고, 또 화 중역 등의 고위직의 운명이다.

　　살인상생격은 문화, 종교, 의료, 서기, 회계, 주인, 법인체, 회사관계, 중역 등의 고위직의 운명이다.

관인상생하면 문화 정치가 관직의 운명이다.

정인격은 문화 학술 예술 종교 생산직의 운명인데 파격이 되면 하급직이 된다.

편인격은 의복성상승(醫.卜.星.相.僧) 또는 기예(技藝) 작가의 운명이다. 명조에 편인이 많으면 여러 업무(業務)에 관심이 많다. 그래서 본업(本業)과 별업(別業)을 가지게 되며, 제화(制化)가 잘된 명은 이름이 높지만, 파격이 되어 조정(調整)이 잘못되어 있으면 성패를 면치 못하는 운명이다.

신왕사주가 용신 파격이 되거나, 신약하여 용신을 부릴 수가 없으면 이 사람은 자신의 복력을 타인에 의지하는 운명으로, 타인에게 부림을 받아야 한다. 그래서 도우미나 고용살이를 해야 할 운명이다.

신왕사주는 결단력과 업무에 충실하고, 신약하면 끈기가 부족하고 결단력이 약하다.

사주명식에 역마나 형. 충. 합. 많으면 항상 업무 변경이 많은 운명이다. 명조가 모두 극전(剋戰), 형충,

흉살로써 이루어지면 일생을 통하여 고심(苦心)도 많고, 성패도 많으며, 동서로 분주한 삶을 살아가는 운명이다.

직업을 정할 때는 용신 또는 희신에 해당하는 육신과 오행에 따른 직업이 좋다. 그리고 사업의 시작은 그 당시 행운이 좋을 때다.

육친과 골육 보는 법

육친과
골육(六親.骨肉) 보는 법

육친을 보는 법은 먼저 일간을 기준으로 하고, 가까운 가족 사항인 부모, 형제, 부부, 자녀까지의 길. 흉. 선. 악과 기타 사항을 자세히 살펴본다. 조부모, 손자, 증손 혹은 근친 등 죽은 영혼 등은 특별한 경우만 보며 자세히 볼 필요가 없다. 멀어질수록 적중률도 떨어진다.

1. 육친의 궁위(宮位)

생년은 선조의 위치며 선조의 묘지의 궁이다.
생월은 부모 형제 생가의 궁위다.
생일 지지는 부부의 궁이다.
생시는 자녀의 궁이다.

이 궁위는 여러 형태로 활용을 한다.

생년은 선조의 위치이므로 생년을 충(沖)하거나 극(剋)하게 되면 고향을 떠나 타향살이를 한다.

생월에 충. 극이나 흉살을 만나면 부모와 형제에게 흉하며 일찍 생사이별이 있다. 만약 관살이 강하면 형제가 극을 당한다.

생일은 부부의 자리이므로 상관이 있으면 남편이 상하고, 겁재가 있으면 처가 상한다.

생시는 자녀의 자리이므로 자녀를 배반하는 육신이 있거나 충극이 되면 자녀와 인연이 없다고 판정을 한다.

2. 일주 보는 법

생년은 조부(祖父)의 위(位)를 말하므로 본(本)이라 하고, 일간은 주(主)라고 말하는데, 모두가 왕한 것이 좋다. 년간에서 삼간사지(三干四支)에 인종(引從)하여 왕 쇠. 강약을 살필 때, 본(本)이 주(主)보다 우세하면 조부(祖父)의 도움이 있다고 보고, 주(主)가 본(本)보다 우세하면 홀로 독립하여 창업한다. 본주(本主)가 모두 강왕(強旺)하면 부귀가 쌍전한다고 보는데, 그것은 일주의 신약 신강으로 경중(輕.重)을 판단한다.

일지의 刑沖. 相合

일지를 형. 충하면 일단은 부부가 원만하지 못하다.

생년에서 일지를 향해 형. 충을 하면 본주불화(本主不和)라 하여 조업(祖業)을 지키지 못한다.

만약 일지에서 년을 형. 충을 하면 년에서 일을 형. 충하는 것보다 더 중(重)하고 강하므로 고향을 떠나든지 타국으로 간다. 이것은 조상에 대한 반박하는 이치이다.

생월에서 일지를 형. 충하면 부부가 원만하지 못한 변화가 생긴다. 생월은 내가 출생한 나의 집이요. 생활공간이다.

생일에서 생시를 형. 충하면 자녀를 극한다. 만약 합을 이루면 원만하고 화합한다.

생년 간지와 생일 간지가 같으면 전지살(轉趾殺)이라 하여 부부간에 정이 좋지 못하다.

생일에 12운성으로 쇠. 병. 사. 절. 태에 놓이면 건강하지 못하고, 기쁨이 적고, 걱정이 많은 생활을 살아간다.

일주가 壬午일과 癸巳일에 놓이면 록마동향(祿馬同鄕)이라 신왕하고 재관이 왕지(旺地)에 좌(坐)하면 무병하고 장수를 한다.

괴강(魁罡) 일주에 태어나고 신왕하면 복력(福力)이 두텁고, 사람이 총명하여, 문필이 뛰어나고 과단성이 있어 신왕지의 재운에서 대발복을 하겠으나, 만약 신약하든지 관살이나 형충을 만나면 도리어 흉한 운명이 된다.

사주에 재관(財官)이 없으면 일간이 의지할 때가 없다고 한다. 그래서 재관이 없으면 가난한 것이다. 만약에 일간이 신약한데 재관(財官) 같은 길신이 있다 해도 재관을 쓰지 못하는 운명이다.

신왕하고 재관이 힘이 있으면 상급의 격국이 된다. 만약 일주가 왕하고 재관이 약하면 재관운에서 발복을 한다. 신약한데 재관이 강하면 신왕운이 와야 발복을 한다.

사주를 간명하는데 있어서 일주만으로는 알 수 없고, 일주와 용신으로써 길흉의 좋고 나쁨을 추리한다.

일주가 강건(强健)하면 용신을 잡기가 쉽다. 일주가 건왕(健旺)하면 세(勢)가 있고 힘이 있음으로 사람을 부릴 수 있는 것처럼, 용신에게 능히 맡기어 건업(建業)을 세울 수 있다. 신약하면 지도력이 부족해지므로 사람을 부리는 것과 부림을 받는 것과는, 사업의 규모가 크고 작음의 성패에 관계가 있는 것과 같다.

사주가 극신왕하면 분수를 넘었다고 하고 일찍이 고향을 떠나거나 양자를 가거나 남의 손에 자라게 된다.

사주에 4흉신인 겁상살효(劫. 傷. 殺. 梟)이 모두 있으면 부자 집 출생이라면 반드시 단명하거나 빈천해진다.

일지에 재관인식(財. 官. 印. 食)의 4길신이 있는 것은 복신과 짝을 한다고 하여 각각 그 육신을 월에 인종하여 월령을 얻으면 복력이 크다. 더욱 일지의 길신은 배우자의 복이기도 하다.

비겁이 일주에 있을 때

배우자가 아니라 가까운 친구와 동료라는 개념으로 살아간다. 명조에서 재.관이 깨지고 흉신작용을 하고 있으면 남자는 여자의 어려움, 여자는 남자의 어려움으로 파란 및 시련을 격어야 하며 이성으로 인하여 정신적 물질적 고통을 당해도 비밀을 감추고 감수하고 이해하며 살아간다.

식상이 일주에 있을 때

배우자가 늘 어린애처럼 철없어 보여 모두 돌봐 주고 싶다. 애정적 교태(嬌態)가 극단적이며 상대를 극성적으로 사랑하여 죽이고 싶도록 감정편입이 되며 부부 남녀 간에 어린애와 같다. 남자는 아내 및 이성 간에 깊이가 없고 이해 폭이 좁아 불만이 많고 정신적인 면에 파란이 많으며 현모양처를 만날 수가 없고 풍파가 많은 운명이다. 여자는 자식 감싸고 남편과 불행한 관계가 된다.

재성이 일주에 있으면

배우자로 인하여 경제적 관념의 이해타산이 앞서있다. 남녀 이성관계가 복잡하며 번뇌가 심하다. 부모애정 인연이 좋고 큰 자녀 또는 큰 자녀의 대행을 하며 살아가며 가정을 이끌어 간다.

관성이 일주에 있으면

배우자를 늘 상사 모시듯 해야 하는 환경이 된다. 남자는 처를 여자는 남편을 증오하며 늘 불평불만으로 생활을 하며 다른 남자 다른 여자의 감정관계가 있다.

인성이 일주에 있으면

배우자가 부모와 같은 감정이며 잔소리를 한다. 부부로서 도리나 예의에 어긋나지 않고 실수를 하지 않으려는 심사숙고를 하는 감정이 있다.

3. 육친성의 집합관계

육친의 소속 통변성은 사주의 명식에 따라 이해득실을 면치 못한다. 육친에 대한 길과 흉은 왕. 쇠. 강. 약. 성패. 충극. 도기(盜氣). 설기. 공망에 따라서 변화를 가져온다.

격국을 구성하지 않고 어느 통변이라도 명조 가운데 태과하면, 이것을 제(制), 또 는 화(化)하는 것이 없으면 반작용(反作用)을 한다.

가령 명조 가운데 관살이 많으면 형제의 비겁을 극

하는 성(星)이므로 형제와 인연이 적으며, 있어도 의견이 맞지 않거나 혹은 떨어져 생활한다고 본다.

이 원칙은 육친마다 모두 활용하는 것이다. 천간에 많으면 반작용이 분명하고 지지만 있으면 가볍다. 천간 지지가 모두 중첩되어 있으면 더욱 그러하다.

4. 부모의 길흉관계

부모의 육신을 충. 극하면 부모가 흉하다.

부모의 육신이 공망을 하면 일간인 나에게 힘이 되지 않는다.

부모의 육신이 파극이 되었으면 부모가 일찍 사망하거나 일찍 떨어져 고독하다.

부모의 육신이 왕하고 파극이 없으면 장수하고 만약 일간에 희신이 되면 부모의 덕을 입는다.

년 월에 관인이 있고 상하지 않았으면 선조의 혈통이 바르다.

년 월에 재. 관. 인이 완전하고 상하지 않았으면 태어난 가문이 발전하였다.

년 월에 재관이 왕하고 파(破)하여 깨지지 않았으면 부모가 흥하고 창업한다.

년 **월에** 비견, 겁재가 왕하면 양자나 남의 집에서 자란다.

년 **월에** 상관, 겁재가 있으면 형으로 태어나도 상속권이 없다.

년 **월에** 비견, 정관이 있고 또 파하지 않고 재성이 있으면 동생이라도 상속을 받는다.

년 **상에** 도식이 있으면 고향을 떠나거나 선조의 조업을 계승하지 못한다.

년 **상에** 정관 식신이 있고 상하지 않았으면 선조는 귀한집 태생이다.

년 **상에** 편관이 있으면 장남 태생이 아니다.

년 **상에** 편재가 있고 상하지 않았으면 조부나 부친이 양자하거나 남의 집에서 자란다.

년 **상에** 재성, 정인, 식신이 있고 강하면 부자집 출생이다.

년 상에 편인, 겁재, 상관, 편관은 출신이 미약하고, 만약 희신에 해당하면 출신은 미약하지만 후에 성공 발달한다.

5. 형제의 길흉관계

생월에 건록과 비견은 집을 떠나 살게 되고, 형제들은 건전하다.

생월이 형충이 되면 형제간에 화목하지 못하고 정이 없다.

명중에 비겁이 태과, 불급하지 않고 명중에 희신이 되면 형제 우애가 좋고 도움도 받는다.

명중에 비겁이 형. 충. 극. 공망이 되면 형제는 구설과 투쟁이 많고 사고도 많다.

명중에 비겁이 록왕(祿旺)지에 있어 길하면 형제가 부유하고 혜택을 입는다.

명중에 관살이 중첩되어 있으면 형제는 있으나 마나하다.

6. 배우자의 길흉관계

처재자록(妻財子祿)이라 하고, 재성(財星)은 부인인 처의 신이고, 관성은 자녀의 신이다. 여명은 관성이 남편의 신이 된다.

남명에 재성(財星)이 없을 경우 일지(日支)를 처로 하고, 자녀의 육신이 없으면 자녀를 시주(時柱)로써 판정한다.

남명이 비겁의 분탈이 있고 재성이 약한데 도화나 목욕과 함께하면 처첩은 외간 남자와 사통을 한다.

재왕하고 신왕하면 재운과 처와의 인연이 좋다. 그러나 재성이 충극이 되면 그로 인한 재앙이 따른다.

재성이 약하고 관살이 많으면 재성의 기력(氣力)을 도기(盜氣)하고, 재성을 돕는 식상이 없으면 처는 병약하여 신음한다.

재성이 용신을 해치는 기신역할을 하면 그 처가 현명하지 못하든지 처로 인하여 재앙을 만난다.

신왕한데 재성이 없거나 혹은 있어도 미약하고, 식신, 상관의 생조가 없을 때, 비견, 겁재, 양인 등이 많으면 도리어 처를 극한다.

재성이 사. 묘. 절에 놓이면 그 처는 병액이 있거나 이별하게 된다. 재성은 부인인 처신(妻神), 물질 재산이다. 부명(富名)이나 처가 현명치 못하고, 또는 반대로 처는 현명하지만 가난한 경우가 있다. 이것은 재성이 희신(喜神)이 되어 재성를 생부(生扶)하거나 또는 재성이 근(根)이 있어서 부자의 명은 되나 일지의 처자리가 기신이 되면 부자이긴 하나 처는 능력이 떨어진다.

또 재성과 관성이 건왕(建旺)하나 명식이 불량하면 그 처는 현명 할지라도 나 자신은 불행하다. 이것이 처(妻)궁과 명식(命式)이 함께 온전치 못하기 때문이다.

정과 편(正偏)의 자처론(自處論)이 있다. 즉, 본처인 정처(正妻) 혹은 외첩인 편처(偏妻)가 되는 가를 아는 법이다.

가령 여명일 경우 관성이 남편이다. 일간 외 비견은 남편에게 외처인 첩이 된다.

사주에 관성과 서로 합하는 가운데 비견이 1위(一

位)가 있고, 2위(二位)의 관성이 있으면 이것을 다투는 쟁합(爭合)이라 한다.

쟁합(爭合)이 있으면 일간의 왕. 쇠의 힘과 관살의 왕. 쇠인 힘의 균형을 먼저 알아야 하고, 관성보다 일간이 강하면 본처가 되고, 비견인 상대가 일간보다 약하면 비견인 그가 외첩이 정처(正妻) 노릇을 하고 정작 자기는 편처(偏妻) 노릇을 해야 하므로 안방 자리를 빼앗긴다.

일간이 왕하고 기력이 있으면 남편은 일간에 따르니 내가 정처(正妻)가 된다. 일간이 쇠약하고 별위(別位)인 비견이 왕하면 남편은 비견을 따라간다. 즉, 나는 편처(偏妻)이고 그 여자는 정처(正妻)가 되는 것이다.

일간이 태강하고 명조에 관성이 없으면 신왕관무(身旺官無)사주인데, 나는 편처(偏妻)이다. 상관이 중중한 명식 또한 작은 집 팔자라서 편처(偏妻)가 되고 색정(色情)이 강하다.

여명이 일지에 희신이 되면 애정이 있는 남편을 만나고, 기신이 되면 부부가 해로하지 못한다. 관성이 미약하고 상관이 많으면서 일주가 강하면 남편을 극하여 재취 팔자가 된다.

비겁이 왕하고 관성의 다스림이 없고, 인성이 왕한 데 인성을 극하는 재성의 구함이 없을 때에는 남편이 비겁을 다스리지 못하여 역습으로 극을 당한다.

관살이 혼잡한데 재성이 있으면 부부의 도리가 벗어난다. 만약 재성운을 또 만나면 색정으로 망신수가 생긴다.

여명은 관살을 남편으로 하고 식신과 상관은 자녀로 삼는다. 만약 육신이 없을 경우는 일주가 남편이고 시주가 자녀가 된다.

여명이 식상의 분탈(分奪)이 있고 관성이 약한데 도화나 목욕과 함께하면 남편은 외간 여자와 사통을 한다.

관성이 사. 묘. 절에 놓이면 그 남편은 병액이 있거나 이별하게 된다.

일간이 왕하고 정관이 쇠약(衰弱)하면 남편이 먼저 죽고, 관살이 왕하고 일간이 약하면 내가 남편보다 먼저 죽는다.

명조에 비겁이 태왕하면 남편과 불화하고 시댁하고도 불화한다. 인성이 태왕하면 남편을 능멸하고 노년에는 자녀와 인연이 없어진다.

7. 자녀의 길흉관계

남명은 관살이 자녀라서 식상이 많으면 자녀를 극한다.

여명은 식상이 자녀라서 인성이 많으면 시에 편인이면 자녀를 극하여 자손에 대하여 근심이 많다.

명조에 자녀의 육신이 없으면 자녀의 궁인 시주를 자녀로 삼아 길흉을 추리한다.

자녀의 육신이 장생. 록왕이면 자녀는 장수하고, 길신과 함께 하면 효행과 자애심이 두텁다.

생일이 신약하고 자녀의 육신이 쇠약하면 자녀가 적다.

생시에 양인이 있으면 자녀의 신체가 크고 성질이 불량하다.

생시에 자녀를 거역하는 신(神)이 있고, 형. 충. 극. 공망이 되면 자녀의 성정은 불순하고, 양친의 지시를 거역한다.

생시에 재관이 있으면 자녀는 순하고 부귀를 누린다.

생시에 식신 있으면 자녀는 성실하고 온순하고 비대하다.

생시에 편인이 있으면 자녀를 극한다.

생시에 정인이 있으면 자녀는 효순하고 부드럽다.

생시에 희신이 되면 자녀는 부유하고 효심으로 힘을 얻는다.

8. 좋은 처를 얻는다

재성이 용(用)이 되고 상함이 없으면 현모양처를 만나 부귀한다.

재성이 왕하고 신왕하며 충파가 없으면 좋은 처가 가문 번창한다.

재성 용신이 충극이 없고 상생이 되면 처덕이 있다.

식상이 관성을 극하는데 재성이 통관하면 좋은 처로써 발복한다.

겁재가 왕한데 식상이 설기하여 재성을 생하면 귀인 가정이다.

일지에 재성이 있고 충파가 없으면 처복이 있다.

재성이 약한데 식상이 생조하면 처복이 있다.

재왕하고 신약할 때 인성과 비겁이 생하면 처복이 있다.

재극인하고 있을 때 관성으로 통관하고 있으면 처복이 있다.

재성이 약하고 관성이 많은데 식상이 생조하면 처복이 있다.

일지인 처궁이 강하고 관살이 약한데 재성이 생하여

주면 처복이 있다.

일주가 왕하고 재성이 암장되어 상함이 없으면 처복이 있다.

9. 나쁜 처를 얻는다

재성이 설기가 태과하면 처가 무능하여 처복이 없다.

신왕하고 재성이 없고 식상마저 없으면 처복이 없다.

재성이 왕하고 일주가 약한데 비겁이 없으면 재혼해야 한다.

관성이 왕하여 인성이 용(用)이 되는데 재성이 인성을 극하면 처를 극한다.

신왕하고 관성이 약하여 재가 길신일 때 비겁이 재를 극하면 처를 극한다.

겁재가 왕하고 재성이 약하여 식상이 통관하는데 인성이 있으면 처를 극한다.

일지인 처 궁에 기신(忌神)이면 처를 극한다.

일과 시가 서로 상충하면 처 자궁이 불리하다.

재성을 타의 육신과 합이 되면 처가 바람이 난다.

10. 좋은 남편과 나쁜 남편 관계

관성이 약하고 재성이 없으면 남편을 극한다.
일주가 강하고 상관이 왕하면 남편을 극한다.
관성이 약한데 재성이 없으면 남편을 극한다.

관성이 태왕할 때 식상이 관을 극하여 구하면 좋다.
이때에 식상이 왕하면 남편이 훌륭하고 식상이 약하
면 남편이 출세를 못한다.

관성이 태약하면 재성이 관을 생하여 구하면 좋다.
이때에 재성이 왕하면 남편이 훌륭하고 재성이 약하
면 남편이 출세 못한다.

상관이 왕하고 재성과 관성이 없는데, 인성이 상관
을 극하여 구하면 좋다. 이때에 인성이 왕하면 남편이
훌륭하고, 인성이 약하면 남편 출세 못한다.

관성이 태왕하고 비겁이 없으면 인성이 관성을 통관하면 좋다. 이때에 인성이 왕하면 남편이 훌륭하고, 인성이 약하면 남편 출세 못한다.

관성이 태약하고 식상이 있으며 재성까지 있으면 좋다. 이때에 재성이 왕하면 남편이 훌륭하고, 재성이 약하면 남편 출세 못한다.

사주에 비겁이 태왕한데 인성도 없고 관성도 없는데 식상이 있으면 좋다. 이때에 식상이 왕하면 남편이 훌륭하고, 식상이 약하면 남편 출세 못한다.

사주에 인성이 태왕하고 관성도 없고 식상도 없는데 재성이 인성을 극하면 좋다. 이때에 재성이 왕하면 남편이 훌륭하고, 재성이 약하면 남편 출세 못한다.

상관이 왕하고 일주가 약하여 인성이 구하면 좋다. 이때에 인성이 왕하면 남편이 훌륭하고, 인성이 약하면 남편 출세 못한다.

일주가 왕하고 식상이 많으면 재성이 구하면 좋다. 이때에 재성이 왕하면 남편이 훌륭하고, 재성이 약하면 남편 출세 못한다.

관성이 약하고 인성이 왕하면 재성이 구하면 좋다. 이때에 재성이 왕해야 남편이 훌륭하고, 재성이 약하면 남편 출세 못한다.

관살이 혼잡하여 식상이 거유(去留)하면 좋다. 이때에 식상이 왕하면 남편이 훌륭하고, 식상이 약하면 남편 출세 못한다.

관성이 왕하고 인성이 약할 때 인성 운을 만나지 못하면 남편을 극한다.

11. 좋은 자녀를 얻는다

일주가 왕하고 인성이 없으며 식상으로 용(用)이 되면 자녀가 많다.

일주가 왕하고 인성이 또한 왕하며 식상이 약한데 재성이 인성을 제하고 식상을 구출하면 자녀가 많다.

일주가 왕하고 인성이 없으며 식상은 지장간에 암장

이 되고 관성이 있으면 자녀가 많다.

일주가 왕하고 비겁까지 많은데 인성은 없고 식상이 암장되어 있으면 자녀가 많다.

일주가 왕하고 식상이 약한데 인성이 있을 때 재성이 왕하면 자녀가 많다.

식상이 용신을 이롭게 도우면 자녀가 많다.

식상이 용(用)이 되고 형충이 없으면 자녀가 많다.

12. 자녀가 좋지 않다

일주가 왕하고 인성이 왕한데 식상이 약하면 자녀 적거나 불행하다.

일주가 왕하고 인성이 있는데 재성이 없으면 자녀가 적다.

일주가 약하고 인성도 약하고 식상이 왕하면 자녀가 적다.

일주가 약하고 식상이 약한데 비겁은 없고 관성만 있으면 자녀두기 어렵다.

일주가 약하고 식상이 왕한데 인성 용(用)에 재성을 만나면 자녀가 적다.

일주가 약한데 관살이 왕하면 자녀 두기가 어렵다.

일주가 약하고 식상이 왕한데 인성이 없으면 자녀가 적다.

인성이 태왕하면 자녀 두기가 어렵다.
재관이 태왕해도 자녀 두기가 어렵다.
식상이 많고 인성이 없어도 자녀 두기가 어렵다.
식상이 심하게 극충을 받아도 자녀 주기가 어렵다.
용신이나 희신을 극하는 기신이 시에 있어도 자녀에게 불리하다.
수기가 많아서 목이 떠내려가도 자녀 두기가 어렵다.
화기가 많아 토가 메마르면 자녀 두기가 어렵다.
금수가 태왕하여 천지가 꽁꽁 얼어도 자녀두기가 어렵다.

용신을 정하는 법

용신을 정하는 법

1. 용신은 월령에서 정한다.

반드시 용신과 격국은 월령에서 구하고, 일간과 월지에 대조하여 그 왕쇠, 강약을 살펴서 희신인 상신을 정하고, 기신을 정한다. 그리고 직업까지 용신에 정하는 것이 기본이다.

※ 일주의 강약을 먼저 살피고, 용신부터 월령에서 정하라.

사주 명리학에 있어서 운명감정의 중요한 작용을 하는 것은 음양오행의 구성과 태과불급(太過不及)의 균형과 조화를 보고 사주의 좋고 나쁨을 판단하는 방법이다. 그리고 모든 살과 모든 합과 12운성법 및 격국과 용신 등 육신에 의한 것을 하나하나 살피는데 모두

가 음양오행의 조화 여부일 뿐이다.

이 방법은 운명 감정법의 중심이 되는 것으로 사주팔자는 먼저 이 방법에 의하여 길흉, 선악을 판단한 연후 모든 살과 모든 합과 육신과 격국 용신 12운성을 세밀하게 적용하는 것이다.

예를 들어 양인. 삼형살. 겁상살효(劫傷殺梟)의 4흉신 등으로 구성된 명조라 해도 비인격자라고 판단해서는 안되며, 식재관인(食財官印)의 4길신과 천을귀인. 학당. 문창 등의 길신으로 되어 있다고 해서 무조건 훌륭한 인격자라고 판단해서도 안 된다.

음양의 오행의 균형과 조화 생태에 따라서 운명의 길흉을 판단하는 방법이므로 먼저는 자신의 일간인 일주(日柱)을 먼저 살펴야 하고 그 다음에 용신은 월령에 있다는 사실을 잊어서는 안되겠다.

첫째 일간에서 월지를 보며 먼저 격(格)을 정한다. 건물을 지어도 이름이 있고, 사람이 태어나도 이름이 있듯이 사주에도 이름에 따른 품격이 있다.

둘째 월지에 담겨있는 월지장간이 무엇인가를 확인하고 천간에 투출한 글자가 있는지를 확인한다. 월지에서 투출한 자는 모두 용신이 되기 때문이다.

셋째 월지가 일간과 같은 오행이면 월지와는 다른 자가 용신이 되는데, 월령에서 투출한 다른 오행이 있는가를 먼저 살펴서 일간과 다른 오행이 투출해 있다면 그 자가 용신이 된다.

넷째 월령이 일간과 같은 오행만 있는 경우는 비견인데 천간에 투출한 글자 중에서 가장 중요한 자가 용신의 역할을 대신하게 되는데, 이 자는 진용신이라기보다는 가용신이라고 하는 것이 옳다.

다섯째 용신을 찾았으면 용신이 길신인지 흉신인지를 구별해야 한다. 길신이라면 충(沖)하거나, 합(合)을 하면 안 되고 생하여야 한다. 흉신이라면 새하면 안 되고 오직 제(制)하거나 합(合)을 해야 한다.

예= 재관인식(財官印食): 길신이라 생부(生扶)로써 순용(順用)한다.

　　살상겁인(殺傷劫刃): 흉신이라 제.합거(制.合去)으로 역용(逆用)한다.

여섯째 용신이 흉신인지 길신인지를 확인하고 난 후

에는 일간과 용(用)의 근(根)이 있는지 살펴본다. 일
간이 근이 없다면 무력하여 용을 주도적으로 부리기
어렵고, 용의 근이 없으면 능력을 발휘하기 힘들다.

용신이란 월령과 지장간을 포함한 말이고, 용이란
사주 여덟 글자 한자 한자 모두를 지칭하는 말이다.
　용신을 이롭게 하면 희신이고, 길신용신을 해롭게 하
거나, 흉용신을 생부하여 돕게 되면 기신(忌神)이다.
　희신을 해롭게 해치는 자를 제거하는 것을 상신(相
神)이라 부른다.

일곱째 용신의 근을 확인하고 연후에는 월지나 용신
이 합하거나 충하고 있지는 않는 지를 고루 살펴야 한
다. 월지가 충을 받으면 일단 격이 깨질 수 있기 때문
이다.

여덟째 일간과 용신의 근과 유정과 무정 그리고 합.
충 등을 확인한 연후에는 사주 내의 병과 약 즉 사주
내에서 성격의 요인은 무엇이고, 패격의 요인은 무엇
인지를 정확히 알고 기억해 두면서 운을 봐야 한다.

아홉째 일간과 용신 유력과 무력, 유정 무정을 살펴

고 합충과 병과 약을 살펴봤으면 이제는 명조 내에 없는 오행은 무엇인지 그리고 과다한 오행은 무엇이며 과다한 오행에 의해 무력해진 오행의 기운과 지지의 궁은 무엇인지 살펴봐야 한다.

열 번째 사주팔자를 구성하고 있는 명조를 살펴본 연후에는 대운의 흐름을 정확히 살펴봐야 하는데, 대운은 월간지에 함축되어 있는 글자들을 풀어내서 순행하는 정방향으로 보느냐? 역행하는 반대 방향으로 보느냐? 하는 것이니 사주 본명과 다르지 않다고 봐야 한다.

열한번째 대운과 세운은 사주 명조와 같으니 대운에 해당하는 글자는 명조 전체에 고루 영향을 미친다고 보면 된다. 특히, 사주 내의 병과 약에 가장 큰 영향을 미칠 수 있으니, 병과 약이 대운과 세운과 어떻게 합.충을 하는가? 하는 것을 가장 유심히 살펴야 한다.

열두번째 용신 외에 조후 역시 명조에 큰 영향을 끼치는데, 이 역시 감안을 하면서 간명을 해야만 한다. 조후는 격의 성패에 직접적인 영향을 끼치지는 않는다. 하더라도 현실에 있어 명조의 길흉화복을 좌우할 수 있기 때문이다.

2. 용(用)과 용신(用神)

용(用)이란 쓰임새로 쓴다는 뜻이다. 용신(用神)은 쓰는 신이라, 유용지신(有用之神)이라 쓰임이 있는 정신이라는 뜻이다.

넓은 의미로는 용이란 사주팔자를 구성하는 8자가 모두 해당이 된다. 특히 월령에서 천간에 투출한 것을 모두 용이라 말을 해도 된다.

辛 甲 庚 乙

未 寅 辰 巳

이 명조는 월지 무토(戊土) 편재격이 용신이다. 그런데 월령에서 출고한 을목(乙木) 겁재가 용(用:용신은 아님)이 된 예다. 천간에 경.신(庚辛)있어서 재격(財格)이 정관과 편관을 만났으니 관살 혼잡의 파격(破格)이 된다. 다행히 乙木이 있어서 庚金 편관을 합거하므로 거살유관(去殺留官)으로 무정(無情)한 사주가 유정(有情)한 사주가 되었다. 이것은 월령에서 투출한 을목(乙木)인 용(用)의 공이 큰이다.

용신이란 넓은 의미로는 명조 내에서 중요하게 사용하는 오행을 육신으로 표현할 때 쓰는 말이다. 그러므로 명조에서 중요한 역할로 이롭게 하는 오행 즉 조후. 상신. 희신. 월령을 육신이 이름으로 부를 때는 모두 용신이라 할 수 있다. 사주보는 법 여기서는 편리상 월지와 월령 지장간이 천간에 투출한 육신을 모두 용신이라 하겠다. 월령 용신의 예를 들어 본다.

戊 壬 甲 戊
申 子 寅 辰

임수(壬水)일간이 인월(寅月)의 지장간의 정기(正氣)인 甲木이 투간하여 식신이 용신이 되었다. 戊土도 투간하여 겸격 용신으로 식신제살의 성격이다.

壬 戊 丙 己
戌 戌 寅 巳

戊土가 寅月의 지장간 중기(中氣) 丙火가 투간하여 편인이 용신이다. 월령이 편관격이라서 살인상생으로 성격이다.

乙 甲 戊 乙
丑 午 寅 丑

甲木이 寅月의 지장간 여기(餘氣) 戊土가 투간하여 편재가 용신이다. 록격용재(祿格用財)에 겁재 투간하여 파격이다)

3. 격(格)과 격국(格局)

격(格)이란 일간의 입장에서 바라본 월지와 용이나 용신을 가리킨다.

넓은 의미로는 사주 명조 전체의 특징적인 형태나 중요한 쓰임이 있는 기운을 뜻하기도 하고 단순하게는 월지를 나타내기도 하는데, 변격이 된 경우를 포함한 희신, 상신, 용신을 지칭하는 용어이다.

격국(格局)이란 격을 이루고 있는 사주 명조를 통칭하기도 하고, 회지(會支:삼합.방합)하여 한 가지 오행으로 뭉친 세력이 국(局)을 이룬 경우를 뜻하기도 한다.

癸 甲 戊 庚

酉 申 子 辰

갑목이 자수월(子水月)로써 인수-정인격이다. 이때 년지의 辰土와 일지의 申金이 신자진삼합(申子辰三

합)하여 수국(水局)을 이루었다. 이런 경우를 격이 국을 이루었다고 한다. 즉 인수가 인수격으로 세력이 커졌음을 뜻한다.

4. 변격(變格)과 겸격(兼格)

변격이란 투출한 월 지장간이 월지의 정기와는 다른 음양이나 오행이 되는 경우를 두고 말한다.

월지장간은 기본적으로 두 가지 또는 세 가지인 정기. 중기. 여기의 기운을 담고 있다. 이 가운데 두 가지 천간이 투간하였을 때, 본래의 격과 다른 음양이나 오행의 육신으로 함께 투간하였기에 격이 다르게 된 경우인데,

가령 월지가 정관격인데 편관이 투간하여 편관격으로 변하든가 아니면 정관격이 함께 있던 지장간에서 다른 오행이 투간하여 용신을 다르게 써야 하는 경우가 있는데 용신이 바뀌어 쓰게 되므로 변격이라 이름한다. 흉신이 길신으로 길신이 흉신으로 변하는 것을 말한다.

겸격이란 월지 지장간에서 투출한 용신이 한 개가 아니고, 두 개나 세 개가 되는 경우를 말한다.

월지장간이 천간에 투출하면 용신이 되기 때문에 한 개가 아니고, 두 개나 세 개가 투출하게 되면 모두 다 용신이 되기 때문에 겸용하게 되고, 용신을 두고 격이라고 하기 때문에 겸격이 되는 것이다.

만약 용신을 겸용하는 경우 두 개 이상의 용신이 서로 협력을 도모하면 명조가 유정(有情)하게 되고, 서로 도모하지 않고 극. 충하게 되면 무정(無情)하게 되는 명조가 된다. 다음은 겸격의 명조이다.

庚 丁 己 乙
戌 酉 丑 未

축(丑)월(雜氣)에서 월간에 식신 기토(己土)가 투간 하였으니 잡기 식신격인데, 시간에 정재 庚金이 투간하니 식신에 재를 겸하는 식신겸재(食神兼財)가 되어 유정하다.

식신이 편인에 의해 극을 받고 있음으로 대운이 서방 금(金)운으로 흘러서 편인 을목(乙木)을 극(剋)하면서 재성의 근(根)이 되는 것이 제일 좋다. 남방 화(火)운은 편인을 통관하면서 일간을 보호하기 때문에 좋다.

壬　丁　丁　己
寅　酉　丑　亥

년간에 기토 식신 기토가 투간하였으니 잡기 식신격
이다. 시간에 정관 임수가 투간하니 식신과 정관을 겸
하는 겸격이면서 식신이 정관을 제어하기에 무정하
다. 이때 월간의 비견 정화가 시간의 정관임수를 먼저
합거하므로 그 패가 심각하다. 정관은 사라지고 식신
만 외롭게 남아 있어 식신을 돕는 운이 좋다.

대운은 식신을 돕는 남방운이 가장 좋고 서방 금운
은 기토와 임수 사이에서 통관 역할을 하기 때문에 참
좋은 운이다.

庚　丁　癸　丁
戌　丑　丑　未

월간에 칠살 계수(癸水)가 투간하였으니 잡기 칠살
격인데, 시간에 정재 경금(庚金)이 투간하여 칠살에
재성을 겸한 겸격이면서 칠살을 재성이 생하기에 무
정하다. 일간이 년지 미(未)중 정화(丁火)와 시지 술
(戌)중 정화(丁火)에 통근했으나, 축(丑)월에 생하여
왕하지 못 하다.

칠살을 재성이 생하여 무정하게 되었기에 대운이 동
방으로 흘러서 왕한 식상을 제하면서 칠살을 통관하

여 일간을 생하는 것이 좋고, 남방으로 흘러서 일간을
보(補)하는 것이 좋다.

겸격의 통변 실례

재격과 인격이 겸한 명조다.

乙 庚 甲 戊 곤명
酉 子 寅 辰

53 43 33 23 13 3
戊 己 庚 辛 壬 庚
申 酉 戌 亥 子 丑

庚金이 寅월의 본 용신은 재격이다. 그런데 지장간
의 寅중 戊土와 甲木이 함께 투간하여 財星과 印格의
재겸편인(財兼偏印)격이 되었다. 財星의 剋을 印星이
받고 있으므로 재극인(財剋印)으로 파격(破格)인 패
(敗)가 난 무정(無情)하게 된 사주다.

이렇게 재성과 인성을 용신으로 하는 사주에 재극인
(財剋印)이 되어 패가 났다면, 반드시 정관을 만나서
재생관(財生官)을 해서 관인상생(官印相生)을 하는
구조가 되어서 용신이 모두 쓸모가 있게 되어야 좋은

사주가 되는 것이다.

만약 용신이 재성 단독이었다면 재격에 인성을 본, 그래서 재격패인(財格佩印)의 좋은 사주가 된다.

용신이 재성인데 인성의 희신(喜神)을 달고 있는 사주가 되어 문제가 없을 것이고, 그렇지 않고 인성이 용신이었다면 재성이 인성에게 병(病)이 되는 사주가 되었다. 그래서 비겁의 운을 만나 재성을 극하고, 용신인 인성을 구하는 운이 가장 좋았을 것이나, 용신이 재성과 인성 두 가지의 기운이고, 또 재성과 인성 둘 다 4길신에 해당한다. 이 둘을 생조하여 모두 만족시키는 운을 만나는 것이 관건이 된다.

이 사주의 대운의 흐름을 보면 북방水運에서 서방金運으로 흐르고 있고, 천간의 기운은 식상에서 비겁으로 흐르고 있으니, 가장 길하게 되는 정관의 火運을 만나기는 틀린 사주가 되었기에 일생 크게 발복하기는 어렵게 되었다.

壬子대운에는 일지의 상관을 차고 있는데, 대운의 지지에서 다시 상관을 만나는 꼴이 되고, 고교시절 세운으로 갑신. 을유. 병술년으로 흐른다.

세운의 지지의 方은 서방金運으로 흐르면서 천간으로 재성과 칠살을 만나게 되며 특히 고 3때 乙酉년에는 지지로 羊刃殺의 酉金을 만나게 되어 군인이 되었다.

재격 살격 상관격이 겸한 명조

　　　庚丙壬己 곤명
　　　寅午申巳

　　58 48 38 28 18　8
　　戊 丁 丙 乙 甲 癸
　　寅 丑 子 亥 戌 酉

丙火가 申月의 편재가 본 용신이다. 월 지장간이 모두 투간하여 庚金 壬水 己土가 모두 용신으로 겸격이 되었다. 이럴 경우엔 천간에 투간하여 자리하고 있는 위치가 대단히 중요하다.

만약 상관-재성-칠살 순으로 서있게 되면, 상관생재(傷官生財)-재생살(財生殺)하게 되므로 최종적인 기운이 편관 칠살의 흉신에 맺치게 되어 패(敗)가 나서 사주를 망치게 되고, 상관이 칠살을 제하면서 재성을 생하게 되는 즉 재성-상관-칠살 순서로 서 있게 되면, 상관생재(傷官生財)-상관제살(傷官制殺)하게 되니 사주가 좋아지게 된다.

제시된 명조와 같이 월지가 申金 편재면서 월령이

모두 천간에 투간하게 되는 경우엔 용신의 본기는 편재이고 이와 더불어 상관과 칠살을 함께 활용하고 있음을 고려 할 줄 알아야 한다.

편재격에 상관과 칠살을 겸하는 사주인데 년간의 상관 己土가 월간의 칠살 壬水를 대항하는 그래서 재격에 상관대살(傷官帶殺)하는 사주가 되었다.

이 사주의 직업으로는 일간이 羊刃에 자리하고 지지에 寅巳申 三刑殺을 모두 갖추었으니 의료나 군인 경찰에 인연이 있다.

월간에 투간한 칠살 壬水가 사주에 병(病)이 될 수 있는 사주다. 다시 대운의 方이 북방水運으로 흘러 칠살을 왕성하게 해줄 수 있는 것이 참으로 불안하다. 그나마 다행한 것은 지지가 북방의 水運을 충분히 감당할 만한 구조로 짜여 있으면 서천간으로도 인성을 만나 칠살을 생하는 기운을 만나지 않은 것이 천만다행이다.

癸酉 대운은 칠살이 있는 중에 정관을 대운 천간으로 또 관성을 만나 기신(忌神)인 살이 살아나게 되고, 지지의 방 역시 서방 金運으로 흐르고 있으니, 인성(印星)은 멀어져 즉 학문과 스승과 부모의 덕을 보기가 힘들다.

甲戌 대운은 천간으로 편인 甲木을 만나니 상신역할

을 하는 년간의 상관 己土가 합거(合去)되기에 월간
의 칠살 壬水가 제어되는 기운으로부터 풀려날 수가
있어 칠살로 인한 패(敗)가 발생할 수 있는데 그나마
다행한 것은 지지의 戌土가 대운의 방이 서방으로 흐
르고 있는데도 불구하고 본명의 일지의 午火와 시지
의 寅木과 합하여 寅午戌 火局을 이루기에 주위의 도
움과 부모의 도움으로 칠살을 대항할 수 있게 되었다
는 것이다.

　乙亥 대운은 시간에 투간한 용신 본기인 庚金을 대
운의 乙木을 合去하고, 지지로는 만나는 亥水는 월간
의 칠살 壬水의 건록이 되므로 이때가 인생에서 가장
힘든 시기가 된다.

自己心爲師
不依他爲師

群山聖興寺松月

통변기술

통(通) 변(變) 기술

통변에 들어가기 전에 부귀한 사주의 유형과 빈천한 사주의 유형을 먼저 실어본다. 먼저 사자성어인 용어를 꼭 암기하기 바란다.

1. 부귀하고 건강하다

(일주명랑 日柱明朗)=일주가 밝고 건실하다.
(약일봉생 弱日逢生)=신약한 일주가 생을 만났다.
(정관봉인 正官逢印)=정관이 정인을 만났다.
(정관득록 正官得祿)=정관이 록을 만났다.
(재관양왕 財官兩旺)=재와 관이 함께 왕하다.
(살인상생 殺印相生)=칠살이 인성을 상생한다.
(신살양정 身殺兩停)=일주와 칠살이 균등하다.

(재자권살 財資權殺)=재가 약한 편관을 생한다.

(재관인제 財官印濟)=재와 관이 서로 돕는다.

(왕식생재 旺食生財)=왕한 식신이 재를 생한다.

(상관용인 傷官用印)=상관격이 인성을 만났다.

(건용무상 建用無傷)=월건록 용신을 손상되지 않
았다.

(살인상합 殺刃相合)=칠살과 양인이 합을 하였다.

(식살양정 食殺兩停)=식신과 칠살이 균등하다.

(거유관살 去留官殺)=관살혼잡이 합거되었다.

(재왕성국 旺財成局)=왕한 재성이 국을 이루었다.

(상관용재 傷官用財)=상관이 재성을 생하였다.

(시상재살 時上財殺)=시상에 편재나 편관이 손상되
지 않는다.

(목화통명 木火通明)=목과 화가 통하여 밝다.

(수화기제 水火旣濟)=수화가 서로 조화를 이룬다.

2. 빈천하고 흉사한다

(일주부흉 日柱扶凶)=일주를 흉신과 서로 돕는다.

(주왕무의 主旺無依)=왕한 일주가 재.관.식의 용
(用)이 없다.

(정관파손 正官破損)=정관격에 관이 파손되었다.

(관다무인 官多無印)=관성이 많은데 인성이 없다.

(관약무재 官弱無財)=관성이 약하고 재성마저 없다.

(관경인중 官輕印重)=관성이 약한데 인성만 태왕하다.

(살중신경 殺重身輕)=칠살이 왕하고 일간이 쇠약하다.

(살경제중 殺輕制重)=식상이 많아 제살태과, 진법
무민이다.

(관살혼잡 官殺混雜)=관살이 혼잡되어 혼탁하다.

(인수파상 印授破傷)=인성이 상극을 당하였다.

(탐재괴인 貪財壞印)=인성이 용신이데 재성이 인성
을 극한다.

(효신탈식 梟神奪食)=식신이 용신인데 편인이 식신
을 극한다.

(재다신약 財多身弱)=재성이 많이 신약하다.

(식다무재 食多無財)=식상은 많은데 재성이 없다.

(상다무인 傷多無印)=상관이 많은데 인성이 없다.

(상관견관 傷官見官)=상관이 정관을 극하고 있다.

(양인봉충 羊刃逢沖)=장수의 칼이 충을 만나 부러
졌다.

(록성충파 祿星沖破)=록의 용신이 충파를 만나 깨
졌다.

(합다기반 合多羈絆)=많은 합이 길신을 것을 묶어
버렸다.

(암국파손 暗局破損)=숨겨져 있는 복을 파손하였다.

(월일상충 月日相沖)=월일을 상충하여 구할 수가 없다.

(일시상충 日時相沖)=일시를 상충하여 구할 수가 없다.

(오행괴려 五行乖戾)=오행이 한쪽으로 깨져 일그러졌다.

(오행편고 五行偏枯)=오행이 편중되어 말라 비틀어졌다.

3. 性情 분석 개념

일간의 오행과 음양과 천간의 특성을 살핀다.

일간의 旺.衰에 따른 신왕 신약의 심리를 살핀다.

사주의 음과 양의 균형을 살핀다.

십신인 육신의 과다 불급의 특성을 살핀다.

천간은 드러나는 성격, 지지는 숨겨진 성격이다.

월지는 타고난 본성으로 직업의 욕구를 가지고 있다.

일지는 결정하려는 심리다.

시간은 보조적인 성격인데 미래를 추구하는 마음이다.

대운의 방은 환경에 따른 변화되어 가는 성격이다.

4. 비겁이 많은 신왕 사주

천성이 명백하고 도량이 넓고 일을 당하여 두려워하지 않으며 다소 환락(歡樂)을 즐긴다.

신왕사주가 억제되면 그 천성이 명백하고 이지(理智)가 발달하여 다정하고 의리가 많고 명랑한 성품이다.

신왕사주가 억제가 되지 않으면 자신위에는 사람이 없는 성격이며 횡폭하고 무모하며 변덕이 심하다.

만약 극태왕하면 투쟁을 잘하며 구속을 싫어하고 자제력이 부족하다. 또 세력을 믿고 약자를 무시하는 성격이다.

5. 비겁이 적은 신약 사주

근검 절약하고 모든 일에 가벼운 행동은 하지 않고 냉철한 행동을 하나 타인과 교우관계는 적다.

극신약이 되면 태만하기 쉽고 근기가 낮아 결단력이 부족하며 허례허식과 실패가 많게 된다.

신약하나 일주가 인성으로 생조되어 있으면 그 천성이 검소하고 남의 인격을 존중하니 예의바른 사람이다.

신약사주가 인성이 없어 생조되지 않으면 말에 허위가 많게 되고 마음이 음흉하여 사람의 도리를 무시하

고 기이한 것을 좋아한다. 그 천성이 게으르고 아첨 잘
하면서도 쓸데없는 고집이 세고 결단심이 없게 된다.

비견: 인사. 어울리려 함.
겁재: 구매. 자기위주가 됨.
식신: 연구. 즐기고 싶음.
상관: 영업. 호기심 천국.
편재: 판매. 물욕이 강해짐.
정재: 경리. 배려심 약화.
편관: 감사. 권위의식 강화.
정관: 관리. 어른스런 행동
편인: 기획. 번민이 많음.
정인: 총무. 가르치려 함.

비겁은 주관. 협의. 변호. 대리업. 인력. 중개업.
식상은 감성. 실행. 서비스. 창작. 복지업. 홍보.
재성은 현실. 손익. 금융. 기술. 회계. 무역.
관성은 원칙. 성과. 공무. 의료. 관리 감독업. 보험.
인성은 이성. 계획. 교육. 언론. 경비. 납품.

비겁부재: 주관이 없다. 고독하다.
식상부재: 몰인정. 융통성 결여. 죽는 소리만 한다.

재성부재: 비현실적. 정리 정돈 부재.
관성부재: 절제능력 부재. 핵심파악 부재.
인성부재: 마무리 부재. 생각이 짧음.

비겁과다: 독불장군. 옹고집
식상과다: 무례하다. 무법자다. 안하무인.
재성과다: 비인간적. 타인무시. 갑질.
관성과다: 허례허식. 약점지적. 강박관념.
인성과다: 善心부재. 고리타분

6. 결혼시기

세운 천간이 식신이면서 일지와 합을 할 때 결혼하는 경우.

월지와도 합할 때나 시지와도 합할 때 즉 합이 많이 들어 올 때.

여자는 관살 운세나 관살이 합이 될 때.

남자는 재관 년의 운세나 재성이 합이 될 때.

일주 간지와 똑같은 해.

결혼이 늦는 경우 용신년.

월지가 沖하는 운에서는 생각지도 않게 갑자기 성사된다.

* 여명이 남자 만나는 운세는 천간 지지가 겁재와 관성운이 될 때. 겁재와 인성운이 될 때. 겁재와 상관운이 될 때, 관성과 인성이 될 때, 식상과 인성이 합이 될 때, 식상과 관성이 합을 할 때다. 겁재는 애인, 인성은 남자의 생각인 사랑, 관성은 남자, 상관은 생식기에 해당하기 때문이다.

*남명이 시상이나 월상에 칠살이 있어서 충극이 되고 재성이 혼잡하면 10중9는 작첩하거나 여자를 두어 간통을 한다.
 -을미 정해 갑술 경오-   -임오 임인 병신 신묘-

7. 질병론

간지(干支)와 오장(五臟)

甲, 寅	담(膽). 신경계(神經系). 피부(皮膚). 머리
乙, 卯	간(肝). 기관지(氣管支). 목
丙, 巳	소장(小腸). 눈(眼疾). 어깨
丁, 午	심장(心腸). 심장
戊, 辰, 戌	위(胃). 옆구리
己, 丑, 未	비장(脾臟). 당뇨(糖尿). 배
庚, 申	대장(大腸). 이빨. 관절. 배꼽부위

辛, 酉	폐(肺). 기관지(이비인후과 질환). 장다리
壬, 亥	방광(膀胱). 자궁(子宮).생리불순. 정갱이
癸, 子	신장(腎臟). 혈액질환. 생식기. 발

*명조 내에서 태과 및 오행이 없는 경우, 상충 극제 되면 표출됨

지지(地支) 육부(六腑)

자(子): 방광. 음부. 요도. 귀. 생식기.

축(丑): 비장과 위. 좌측 다리.

인(寅): 쓸개. 머리카락 손. 넓적다리.

묘(卯): 간. 좌측갈비. 손가락.

진(辰): 가슴. 피부. 좌측어깨.

사(巳): 얼굴. 인후. 이빨, 항문. 양 어깨.

오(午): 정신력. 심장. 눈. 머리.

미(未): 위장. 명치. 척추(등뼈). 양 어깨.

신(申): 폐(肺) 대장(大腸) 경락, 우측 어깨.

유(酉): 소장(小腸). 정랑과 난소(卵巢). 코 인후 폐. 생생한 피. 우측 갈비

술(戌): 명문(命門) 복숭아뼈. 자궁 발. 넓적다리.

해(亥): 머리. 고환(睾丸). 항문 생식기. 다리.

오행과 질병

木 : 魂-간장-눈-눈물-심줄-신맛-누른내-신경계-
잔소리-바람이 싫다

火 : 神-심장-혀-땀-혈맥- 쓴맛-탄내-순환기-하
품-더움이 싫다

土 : 意-비장-입-군침-육질-단맛-향내-소화기-음
식탐-습이 싫다

金 : 魄-폐장-코-콧물-모피-맵다-비린내-호흡기-
기침-추위가 싫다

水 : 精-신장-귀-침-골수-짠 맛-썩은내-생식기-
재채기-건조가 싫다

*木이 태과하거나 태약, 또는 金의 충극이면

육체의 오한, 머리와 눈의 현기증, 수족마비, 간염,
간경화증, 수족상해, 골의 질병, 중풍, 신경통 등 육체
에 의한 병이 발생.

*火가 태과하거나 태약 또는 水의 충극이면

심장동통, 지랄병, 말더듬, 발광, 안암, 실명, 개선
(옴), 면상홍적, 두드러기, 경공증, 소장질환 등 과로
에 의한 질환 발생.

*土가 태과하거나 태약 또는 木의 파극이면

  비위가 허약, 설사, 종기, 편식, 구토, 식후답답, 피부병, 위염, 위암, 위산과다, 위하수증 등 질환 발생.

*金이 태과하거나 태약 또는 火의 충극이면

  기허 혈질로써 치질, 탈장, 탈홍, 복막염, 직장암, 백혈병, 하혈, 변비, 담, 해소, 천식, 토혈, 폐렴, 폐병, 이질, 장질부사(장티푸스), 축농증, 화상, 칼의 상해 등 기력에 의한 질환 발생.

*水가 태과하거나 태약 또는 土의 충극이면

  신허, 오한, 야몽, 귀 병, 벙어리, 감기, 월경불순, 조루, 방광염, 신장염, 당뇨, 곱추, 설사, 만시방뇨, 성병, 등 정신적 질환 발생

  *木이 金으로 발생한 병은 침에 의한 치료가 불리하고 구(뜸)이나 탕제가 좋으며 남방이나 북방에서 치료를 요한다.

  *火에 의한 병은 灸(뜸)치료 불리, 탕제가 유리하며 북방으로 가라.

*土에 의한 병은 환(丸)약치료가 불리하며 동·북방이 길하다.

*水氣 부족으로 인한 병은 침 치료가 좋다.

*水에 의한 병은 환(丸)약치료가 유리하다.

*金에 의한 병은 구(뜸)의 치료가 유리하다

自見心為師
不依他為師

群山聖興寺松月

행운을 잡아라

행운을 잡아라

1. 대운에 대하여

대운은 기후의 연장과 같아서 춘하추동을 돌고 도는 것처럼 순환작용을 한다. 대운의 관법(觀法)은 사주를 보는 법과 다름이 없고, 희신과 기신의 취용법(取用法)을 적용하면 된다. 그러나 주의해야 할 것은 대운 접목과 대운의 출입이다.

대운의 접목이란, 나무의 가지나 뿌리를 옮겨 다른 나무로 접(接) 붙인다는 뜻과 같다. 그러므로 기후가 급 변화는 곳 즉, 丑에서 寅, 辰에서 巳, 未에서 申, 戌에서 亥, 이와 같이 계절에서 계절로 바뀌는 교운(交運) 즉 기후가 교차되는 것인데, 이것을 기후가 갑자기 꺾이는 전각(轉角)이라 한다.

전각에 해당할 때는 흉격의 나쁜 사주의 명(命)은 사망을 하게 되고, 길격의 좋은 사주의 명(命)이라 하더라도 환절기에 독감을 앓듯 재난이 일어나게 되어 있다. 특히 노인과 신규 사업을 하고자 하는 사람은 계절 바뀌는 접목되는 운을 두려워한다.

대운의 출입(出入)이란, 제 1운에서 제 2운에 들어가는 것을 입운(入運) 즉, 들어오는 일이라 하고, 다음 운에 들어가기 이전을 출운(出運) 즉 나가는 운이라 한다.

대운은 이상의 두 가지를 운을 보는 간법(看法)에서 주의 할 것이고, 대체로 사주를 볼 때와 같은데, 개두(蓋頭)와 절각(截脚)을 잘 보아야 한다.

개두란 천간이 지지를 극하는 것이고(庚寅. 辛卯), 절각은 지지에서 천간을 극하는 것(甲申. 庚午)을 말한다.

2. 세운에 대하여

세운은 1년간의 길(吉)과 흉(凶)인 좋고 나쁨을 주

관하는 것이므로 대운과 달리 좁은 범위에서 길(吉)과 흉(凶)을 나타내는 것이므로 명조를 체(體)로 하고, 대운과 세운을 용(用)으로 하여 운을 보는 것이 보통이다.

이것이 사주. 대운. 세운의 3위(三位)간법(看法)이다. 대운의 좋고 나쁨은 7분(分)을 작용을 하고, 세운은 3분(分) 작용이라, 7대 3의 비율로 세운보다 대운의 영향이 크다.

※ 사주는 자신이 되고, 대운은 그 시대의 환경이고, 세운은 임금이다. 그래서 세운은 대운과 사주를 모두 관섭한다. 대운은 사주를 관섭하지만 세운을 관섭하지 못하고 세운의 관섭을 받게 된다. 관섭이란 생하고 상극한다는 뜻이다.

첫째는 대운이 좋은데 세운이 나쁠 때는 나쁜 운이라 하나 가볍고, 대운이 나쁜데 세운이 좋다 해도 크게 좋은 것이 없이 일시적인 소강상태를 가질 뿐이다.

둘째는 대운이 나쁜데 세운마저 나쁘면 재앙과 액운이 무겁다.

셋째는 대운이 좋고, 세운도 좋으면 좋은 가운데 더 좋게 전진하면 좋아진다.

3. 행운의 선악 문제

여기서 중요한 것은 대운은 지지를 중요하게 보고, 세운은 천간을 주인으로 삼는 것이다.

대운의 명조의 생월의 계절의 연장으로 춘하추동의 기후의 순환을 보기 때문에 중요한 것이다.

세운이 천간을 주(主)로 하는 것은 언제나 하늘을 본따서 순환하기 때문, 현재 벌어지고 있는 사건들을 십신(十神)담긴 내용으로 적용해서 가명을 한다.

그리고 세운의 지지의 십신과 합. 형. 충. 양인 등 기타 신살을 종합해서 결과가 나타난다. 천간으로 상황을 보고 지지로는 결과를 보는 것이다.

대운이나 세운이나 월운이든 좋고 나쁨은 사주 명조에서 용신과 희신과 기신 등의 작용을 따르는 것이다. 희신과 기신 등을 분명히 판독해서 살펴야 한다.

4. 희신(喜神)과 기신(忌神 운(運)

희신 운이란 명조에서 결함을 보충하는 것과, 용신을 생조하여 돕는 것으로 나누나 사주팔자가 지니고 있는 복잡성이 있음으로 다음과 같이 설명하겠다.

첫째는 명중의 용신, 희신 등을 돕는 행운이 오면 좋은 운이 되나 태과하면 도리어 기신으로 변한다.

둘째는 명중에 격국을 깨뜨리는 신이 있으면 이것을 제복하여 없애거나 생화(生化)하는 행운이 와야 좋은 운이 된다.

셋째는 재성 ,정관, 인성, 식신의 4길신으로 용신을 할 때 용신을 생조해야 하고, 일간이 신약일 때에는 일간을 돕는 행운이 와야 좋아진다. 즉 인성과 비겁의 지(地)는 신왕명이 된다. 4길신을 격을 잡을 때는 이것을 제극(制剋)하는 운이 돌아오면 기신(忌神)운이 되어 나쁘다.

넷째는 사주가 신왕하여 분수를 넘을 때에는, 용신을 돕는 운, 또는 일간의 신약운이 와야 좋은 운이다. 극신약한데 다시 신약운이 온다든가, 또 극신왕한데 다시 신왕운이 오게 되면 기신(忌神)운이라서 나쁘다.

다섯째는 겁재, 상관, 편관, 양인의 4흉신을 용신으로 할 때, 흉신의 용신을 간합(干合)을 하는 운, 또는 제극(制剋)하는 운이 오면 희신운이 되어 좋다.

4흉신으로 격을 잡을 때, 사주의 명중에 제화(制化)하는 것이 없고 다시 4흉신 또는 4흉신이 생왕해지는 지(地)에 오게 되면 기신(忌神)운이 된다.

여섯째는 명중에 용신 또는 기타 통변을 행운이 와서 형, 충, 극하면 크게 나쁜 운이다. 흉신(凶神)이든 길신(吉神)이든 사주에서 태과(太過)한 오행일 때 다시 태과한 것을 돕는 운이 오면 크게 나쁜 운이다.

5. 행운의 간(干)과 지(支)의 작용

천간은 하늘을 주제하여 움직이고, 지지는 땅을 주제하여 조용히 용신됨을 기다리는 것인데, 천간 또는 지지가 천간으로 투간이 되면 통변의 작용은 빠르게 나타난다. 지장간 중에 깊이 암장되어 있는 것은 삼합이 되든지, 충을 맞든지 하면 작용을 하게 된다.

이 원칙에 의해 행운 천간은 반드시 사주 명조의 천간과 합. 극의 관계하여 좋고 나쁜 결과가 나타나게 되고, 행운의 지지는 동, 서, 남, 북의 방위를 중요시하나, 사주의 지지와 행운과의 충, 형, 합 등으로 작용하게 된다. 즉 충과 합에 의하여 크게 움직이고 변하게 된다.

특히 辰戌丑未가 상충되면 붕충(朋沖)이라 하여 변동이나 움직임이 따를 뿐 조금 나쁘다.

子午卯酉가 상충되면 오행의 본기 충이라 하여 육체적인 질병인 건강상의 문제가 많다.

寅申巳亥가 상충되면 생기(生氣) 충이라 하여 파재(破財)와 돌발 사고로 몸을 다친다.

사주 명조에 육신이 있을 때 행운에서 같은 육신이 들어오면 상승작용이 일어난다. 용신일 경우에는 말할 것도 없거니와 명중에 있는 육신이 다시 행운에 올 때에는 활동력이 커지는 것이다. 예를 들면 사주에 재성이 있는데 재운이 또는 재를 돕는 생하거나 왕해지는 운이 오게 되면 재성은 발동을 하게 된다. 만약 천간에 있는 육신은 빠르게 작용되고 지지는 조금 더디게 작용한다.

행운에 있어서의 좋고 나쁜 운이 돌아오는 행운의 통변에 따라 해석을 내린다. 가령 식신운이 왔다면 식신에 관한 일들을 설명하면 된다. 좋고 나쁜 운에 대해서는 동일한 식신의 내용이라도 사주 명식(命式)에 따라서 좋은 작용을 하면 좋은 운이라 판단하고, 나쁜 작용을 하면 아무리 좋은 식신의 내용이라도 나쁘게 작용하는 것이니 나쁜 운이라 설명해야 한다.

사주보는 법

1. 통변실례

사주보는 법

용신(用神)과 희신(喜神)인 상신(相神)을 찾아내고 그 다음 이를 制하고 극(剋)하는 병(病)인 기신(忌神)을 찾아낸 후에 용신과 상신 그리고 병에 육친이나 상징적인 의미(명예.재물.말.행동 등)를 붙여 먼저 말해 준다.

$$丁 \quad 甲 \quad 辛 \quad 戊$$
$$卯 \quad 午 \quad 酉 \quad 寅$$

월령의 정관격이 戊土 도움과 - 丁火로서 피해다

용신과 상신 그리고 일간이 제대로 근(根)을 내리고 있는지를 살펴야 한다. 또한, 각 기운들의 근(根)이 어느 궁에 있는 지를 살펴야 하며 지지에 있는 근(根)이

다른 궁의 지지와 충(沖)하고 있는지도 함께 살펴서 육친을 붙여서 말해준다.

(근이 없는 용신과 상신은 좋은 기운일 지라도 활용도가 떨어진다)

(근이 없는 일간은 무력하여 용신이나 상신을 부릴 수가 없다)

사주 내의 병을 극하거나 설하는 기운으로 흘러가는지 아니면 병을 돕는 운으로 흐르는 지를 잘 살펴보아야 한다.

대운의 方이 좋지 않으면 자신의 의지와 상관없이 억울한 일이 많다.

전체적인 인생의 총운을 볼 때는, 초년과 청년 그리고 중년과 말년으로 구분하여 길흉을 말해주는 것이 좋은데, 특히 가장 중요한 시기인 10대 중반에서 20대중반에 해당하는 대운은 세운과 결합하여 유심히 살펴서 통변해야 한다.

丙乙庚癸 건명　　　　甲丁丙甲 건명
子酉申卯 (1) 미장공. 미혼　　辰卯子午 (10). 의사
정관격에 편인이 희신,　　월령 편관이 용신에
상관은 기신이다.　　　　인성과 겁재가 희신이다

대운의 흐름에 의해 극을 받게 되는 기운에 해당하
는 육친이나 장기(臟器)는 손상이 생길 수 있으므로
이를 유심히 살펴서 통변해야 한다.

예를 들면 대운이 동방은 土를 손상시키고, 남방은
金을 손상시키고, 서방은 木을 손상시키고, 북방은 火
를 손상 시키는 것이다.

결론은 운명을 감정할 때는 될 수 있는 한 희망적이
어야 한다. 그래서 목표가 이루어지는 시점을 정확하
게 알려줄 필요가 있다. 운이 좋지 않을 경우에는 근
신하라고 꼭 일러준다.

감정할 때는 지나간 2년 전부터 현재 진행되어가고
있는 상황과 앞으로 돌아올 2년 후 정도까지는 이야
기 해주면 좋다.

1. 통변실례

용신과 희신을 찾아내고 그 다음 제극(制剋)하는 병

을 찾아낸 후에 용신과 상신 그리고 병에 육친이나 상징적인 의미인 명예, 재물, 말과 행동을 붙여 먼저 이야기 한다.

丁 甲 辛 戊
卯 午 酉 寅

위 명조는 용신은 정관이고 년간의 재성인 상신이 명예와 재물을 가질 수 있음에도 불행한 것은 정관 용신이 시간의 상관에 극을 받았다. 정관격은 상관에 의해 극을 받거나, 식신에 합거(合去)가 되면 식상인 아랫 사람으로 인하여 명예와 재물을 잃는다. 그래서 말과 행동, 아랫사람 자식들에 신경을 쓰게 된다.

용신과 상신 그리고 일간이 제대로 근을 내리고 있는지를 살펴야 한다. 또한 각 기운들의 근이 어느 궁에 있는지를 살펴야 하며 지지에 있는 근이 다른 궁의 지지와 충하고 있는지도 함께 살펴서 육친을 붙여서 말한다. 일간과 용신과 상신이 근이 없다면 좋은 기운이 무력하여 활용도가 떨어진다.

丙 癸 乙 癸
辰 卯 卯 亥

위 명조는 월간의 식신 용신(임금)인 길신이 근을 확실히 내렸는데 비하여 상신(相神:신하)인 시간의 재성이 근(根)이 없다. 목표에 대한 결과는 이룰 수 있으나 이를 뒷받침 해 주는 사람과 환경이 미약하여 남보다 더 많은 노력을 해야 한다.

丁 癸 甲 己 곤명 79년생
巳 亥 戌 未 (5). 직장인
잡기정관격이 편관합살격으로 변격이 됨.
내방＝ 癸巳년 甲子월

위 명조는 양친 사망. 학업운과 시험운 없는 가장이 였다. 동갑인과 동거 중 헤어졌다. 癸수가 戌월이라 잡기 정관격이다. 그런데 년간에 己토가 투출하여 관살 혼잡의 명이다. 다행이 월간 甲목이 甲己합으로 존관합살(存官合殺)의 귀한 명이다. 시간의 丁화 역시 월령에서 출고한 것이므로 용신이다. 그러므로 官과 財를 용신으로 하고 甲목을 상신으로 쓴다.

천간에서 合去되어 묶여 있음으로 지지의 정관과 시간에 남아 있는 편재를 중심으로 대운의 方을 보면 남방이 좋고, 서방도 좋으나 동방은 敗가 난다. 貴命 팔자지만 대운 方이 좋지 않다.

일지와 시지가 沖하고 있으며 일지의 亥水와 년지 未土가 亥未합을 하여 식상으로 변하고 있다. 그 다음 戌월의 가을인데 金인 인(印)이 출고 하지 않았고 사주 내에도 없다.

대운 방이 비겁으로 흐르면 재가 손상을 보게 되고, 천간에서 재를 만나게 되면 인이 다치게 되므로, 비겁운이나 재운으로 흐르면 재나 비겁이 천간에 투출할 경우 양친을 일찍 잃는 경우가 있다. 그이유는 재는 모친을 극하고 비겁은 부친을 극하기 때문이다.

사주가 나타내고 있는 것 형.충.회합, 생.극.제.화는 현실에서 어떠한 형태로든 드러나게 된다. 좋은 운은 좋게 나쁜 운은 나쁘게 두드러지게 나타난다.

위 명조는 대운의 방이 동방 木 즉 식상으로 흐를 경우 지지의 정관 戌土와 충돌을 하게 된다. 그렇게 되면 자연히 용신인 정관에 해당되는 남자나 직업과 인연이 없게 된다.

특히 己卯대운이 되면 지지가 해묘미 합을 하여 식상의 局을 이루게 된다. 그렇게 되면 지지의 용신인 정관 戌土는 더욱 큰 타격을 받게 되는데, 그런 상황에서 하필이면 시간에 丁화 편재가 있는 명조에 칠살 己토를 만나게 된다. 결국 갑기합 외에 크나큰 변화가 또 한 차례 기다리고 있음을 짐작할 수 있다.

일간 癸수의 根이 일지의 겁재 亥수에 일점 밖에 없는 명조라 초년에서 청년기의 대운 지지인 亥수와 子수는 큰 해가 없으나 정축대운은 사정이 달라진다. 천간의 丁화는 용신이면서 길신이라 상관이 없지만 지지의 칠살 丑토는 정관 戌토가 용신인 사주를 官殺混雜으로 만들면서 축술미 삼형까지 엮게 되므로 더 큰 문제가 발생한다.

지지와 천간의 十星과 육친을 붙여서 통변하는데 지지는 殺이라 남자와 직업으로 인하여 큰 문제가 발생하는데 삼형의 영향이 크며,

丁丑 대운은 천간이 정화 편재이므로 돈 때문이다.

戊寅 대운은 천간에 용신인 정관이 출고하는 시점이므로 가장 좋은 볼 수 있지만 안타깝게도 지지의 방이 동방이면서 인목을 만나게 되어 용신인 정관이 寅戌 合으로 묶이는 시점이 된다. 여기서 천간은 드러나는 것이지만 가볍고, 지지는 숨어 있으나 가볍지 않고 重하여 드러나지 않게 내부로 고통과 아픔이 크다.

庚辰 대운은 천간에 용신인 편재 丁화가 있는 명조에 丁인 庚금이 출고하는데, 본명에 길신을 직접 극하는 경우가 아니므로 큰 문제는 없다. 단, 지지의 진토가 용신인 월지의 戌토를 沖하므로 직업적인 변화가 나타나는데, 朋沖이라 큰 문제가 발생되지 않는 것은

아니다. 왜냐하면 대운의 方이 동방 즉 식상으로 흐르면서 沖을 했기 때문이다. 여자 사주는 식상대운은 혼자 사는 경우가 많다. 그렇지 않으면 남편이 없이 벌어먹여 살려야 한다.

辛巳대운 역시 천간에 용신인 편재 丁화가 있는 명조에 편인 辛금이 출고하는데, 본명에 있는 吉神을 직접 剋하는 경우가 아니므로 큰 문제는 없다. 그리고 지지의 정재 巳화는 정관 戌토를 생하므로 좋다. 단지 일간의 根이 되고 있는 일지와 충돌을 하게 되므로 배우자와 문제가 발생될 수 있는데, 원인은 財이므로 돈 때문이다.

壬午 대운은 대운의 方이 남방 즉 재운으로 흐르기 때문에 지지의 용신인 정관을 생하므로 좋게 보일 수 있으나 대운 지지의 午화가 월지의 정관 戌토와 午戌 合을 하므로 貴가 손상되며, 대운 천간의 겁재 壬水가 시간에 있는 용신 丁화를 合去하므로 형제나 동료에 의해 재산상의 손해가 발생될 수 있음을 알 수 있다.

癸巳년 甲子월에 찾아 왔음으로 이 두 가지의 기운에 의해서 생기는 변화를 이야기해 주면 된다. 즉 올해는 돈 때문에 남자와 이별수며 巳화 財가 일지 亥수 겁재와 沖을 하였고, 癸수가 丁화를 剋하여 형제나 동료로 인하여 아픔도 있는 해이다. 그리고 이달 甲子월은 子수 비견이므로 내가 스스로 甲상관의 말썽도 있겠지만, 또 상관이므로 사는 방식에 변화를 주어서 어떻게 돈벌까 궁리하는 시기가 된다.

사주 월지가 정관이라 예의가 바르고 정확하다. 그러나 천간에 상관과 칠살이 합을 하고 있어 지능과 임기응변 능력은 탁월하겠으나 불 칼같은 성격일 것이다. 그리고 편재도 용신이면서 출고해 있으므로 시원한데 비하여, 일지가 겁재라 고집이 세고 욕심도 많다.

戌未 刑살로 인하여 손재주가 있다. 상관과 칠살이 함께하는 刑이라서 수술 수와 자식이나 말과 행동 상사 외간 남자로 인하여 송사나 사건 사고에 휘말린다.

건강은 나이가 들어가면서 동방으로 흐르게 되므로 신경성 위염과 당뇨병이 걱정이 된다.

잡기 상관격 재격의 겸격 명조

壬 壬 乙 丙 곤명
寅 辰 未 申

55 45 35 25 15 5
己 庚 辛 壬 癸 甲
丑 寅 卯 辰 巳 午

壬일간 未月에 잡기격인데 정관이 본 용신이다. 월

령 지장간에서 丙火와 乙木이 투간하여 잡기 재겸상관(財兼傷官)격이다. 상관 흉신이 길신인 재성을 상관생재(傷官生財)하여 유정(有情)한 사주이다.

대운 천간에서 역시 월령의 정기인 정관인 己土를 만나는 운이 다가오고 있어 주목이 된다.

일간은 년지에서 12운성의 장생인 편인 申金에 뿌리를 내리고 있는데 년지와 일지가 申辰 합을 하여 비겁으로 변하면서 시간에 다시 비견 壬水를 만나니 형제가 많다.

초년 대운의 方이 남방火運 재성으로 흘러 부모덕이 없으며, 이런 와중에 천간으로 식신과 겁재를 만나니, 공부보다는 친구들과 어울린다. 다시 대운 동방木運인 식상으로 흐르니 월간의 상관이 왕성해져 이런 저런 다양한 직업을 거처 왔을 것으로 짐작이 간다.

상관의 乙木은 종이 목재 의류에도 해당하는데, 년지와 시지와 寅申 相沖을 하니 끊어내고 잘라내는 재주에 丙火 즉 불을 피우며 비견의 물이라서, 바쁘게 배달하면서 면(麵)을 끓여 파는 직업을 가지고 있다.

재격 편관격 인격을 겸한 명조

庚 壬 丁 戊 곤명

戌 寅 巳 戌

56	46	36	26	16	6
辛	壬	癸	甲	乙	丙
亥	子	丑	寅	卯	辰

壬水가 巳月 정재격이 본 용신이다. 월간 지장간의 庚金편인, 丁火정재, 戊土편관이 모두 투간한 겸격인데, 용신끼리 서로서로 도모하지 못하므로 무정(無情)한 사주가 되었다. 문제는 이렇게 월령이 천간에 모두 투간하게 되면 정체성이 없는 사람으로 이것저것 번거로운 인생이 되어 마음을 한 곳에 집중하여 살기가 어렵다는 단점이 발생한다.

이 사주는 최종적으로 丁火-戊土-庚金으로 기운이 시간 庚金으로 몰리는 사주라면 대운 方이 서방金運으로 흘러야 길하게 되는데 한평생 그러한 운을 만날 수가 없으니, 크게 발달하기는 어려운 사주가 된다.

이러한 상황에서 대운 천간으로 재성을 만나는 초년 丙辰 대운은 천간 丙火가 년간 칠살 戊土를 생하면서 상신(相神) 역할을 함께하고 있는 시간의 庚金을 극하기에 부모와 학문의 패(敗)가 나기때문에 어린 시절 고생을 많이 하였다.

乙卯 대운을 만나면 천간과 지지가 모두 상관이라 심적인 변화가 가장 심한 시기가 되는데, 이런 운을

학창시절에 만나면 가장 좋지 않게 작용을 하게 된다. 우선 학문을 등한시하고 학교를 그만두는 경우가 가장 많고, 그렇지 않으면 일찍부터 이성으로 인한 말썽을 부리는 등 지탄받을 일들을 할 수 있기 때문이다.

다행한 것은 년간의 칠살 戊土가 가장 위협적인 기운이 되는데, 사주에 칠살을 억제하고 재성을 도울 수 있어, 대운이 좋은 운으로 작용을 할 수가 있기 때문이다.

이럴 때 가장 문제가 되는 것은 바로 시간에 투 간해 있는 편인 庚金과 대운 乙木이 合하는 것이다. 명조의 구조상 기운이 뭉친 가장 중요한 역할을 하고 있는 편인 庚金을 합거(合去)해 버리게되면 거꾸로 칠살과 재성의 패(敗)를 볼 수가 있기에 남자와 직업 돈으로 인하여 고생을 하게 된다.

癸丑 대운 이후는 북방水運이 일간을 방신(幇神)으로 도우며 천간의 칠살을 효율적으로 잘 억제하며 흐르기 때문에 나이가 들수록 편해지는 사주이다.

自己心為師
不依他為師

群山聖興寺 松月

사주통변 예문

1. 사주 실제 감정

丁 庚 丙 己 곤명
亥 子 子 丑

51 41 31 21 11 1
壬 辛 庚 己 戊 丁
午 巳 辰 卯 寅 丑

庚金 일간이 子월의 상관격이다. 천간에 己土는 희
신(喜神)이라서 좋고 시간의 丁火는 기신(忌神)이라
서 정관의 통변성(通變性)들이 삶에서 흉조로 일어나

게 된다. 금일주(金日柱)가 子월에 태어나 亥子丑 방합(方合)으로 水局이며, 庚金 일간은 식상으로 설기(泄氣)가 너무 심하다. 천간의 丙火로 조후가 되어 좋고 庚金은 丁火를 만나면 연금(鍊金)을 하여 성기(成器)가 되어 파격일지라도 고급사주가 된다.

사주에서 식상이 많으면 감정을 다스리지 못하여 생각이 많고 우울증세로 고생을 많이 한다. 시상의 丁火가 지지의 亥中의 壬水와 암합(暗合)으로 동주하여 아이를 먼저 낳고 결혼을 하였다.

庚辰대운 庚申년 세운에 가족 물놀이 하다가 아들의 익사를 구하려다가 남편이 참변을 당하였다. 어느 명조이든 水가 너무 많고 왕해질 때 불이 꺼지고, 돌과 쇠는 가라앉고, 흙은 흩어지고, 나무는 떠내려가는 것이다.

庚 甲 庚 己 건명
午 申 午 亥

59 49 39 29 19 9
甲 乙 丙 丁 戊 己
子 丑 寅 卯 辰 巳

甲일이 午월생으로 정관이 용신이나 己土가 천간에 투간하여 정재로 용신이 변격이 되었다. 정재가 용신이 되면 편관 칠살은 기신이 된다. 편관이 태왕하여 흉한 작용들은 피할 길이 없을 것이다.

어느 명조이든 편관 칠살이 천간에 있으면 흉조가 일어난다. 이 명조 또한 예외는 아니다. 천간에는 칠살이 두 개, 일지에 편관, 지지에는 현침살, 午午자형살까지 겹쳐있다. 이렇게 살성이 많은 사주들은 반드시 신체가 고장이 나든지 사고로써 장애가 온다.

戊辰대운 甲子년에 월지와 시지가 子午로 상충을 하고 천간으로 甲庚이 칠살로써 교통사고를 두 번 당하여 머리를 크게 다쳤다.

대학 졸업 후 28세 丙寅년에 광고회사에 입사하고, 32세 庚午년에 퇴직하고 매부의 보일러회사에 직원으로 일하다가 36세 甲戌년에 인수를 받았으나 丁丑년에 부도가 났다.

부친은 교사였으며 부인도 교사인대 불화가 많아서 이혼이 늘 위태롭다고 한다.

甲 癸 甲 乙 선녕

寅 卯 申 巳

53 43 33 23 13 3

戊 己 庚 辛 壬 癸

寅 卯 辰 巳 午 未

癸일에 申월 정인격이다. 월지장간에서 천간에 투간하지 않았으므로 정인이 용신이다. 정인 용신은 천간의 식상들이 나쁘지 않다. 인성이 용신이면 먼저 관성을 만나야 되고 그 다음에 식상을 만나면 좋은 명조가 된다.

이 명조는 癸水가 申월에 출생하여 壬水가 사령(司令)하고 木氣는 태왕하여 목다금결(木多金缺)이고 목다수축(木多水縮)이 되어 상관은 태왕하고 일주는 설기가 많아 극신약이 되었다.

정인이 寅巳申 三刑으로 파인(破印)이 되고, 卯申으로 원진이 되고, 암합(暗合)까지 되어 격이 낮아졌다. 정인격이 필요로 하는 관성은 없고 인성이 용신이지만 희신마져 없다.

정인은 巳火정재와 巳申이 합을 하여 일주인 자신은 부정으로 탄생을 하고, 巳申刑殺이 되어 부모는 이별을 하고 얼굴도 모르고 자식이 없는 집안으로 입양이 되었으나 그 양부모가 1녀1남의 형제을 출생하였다. 그러나 입양사실을 숨기며 장남으로 친자식 같이 양육을 하였다.

식상이 많아서 늘 공상과 망상 속에서 말이 많았고 지구력도 부족하였다. 운전업을 하고 있으며 신사대운 25세 기사년에 양부모가 사망하면서 입양 사실이 밝혀지고 이후로 도박과 음주로 방탕하였는데 상관의 영향이였다.

庚 壬 丁 辛 건명
戌 申 酉 巳

55 45 35 25 15 5
辛 壬 癸 甲 乙 丙
卯 辰 巳 午 未 申

壬일이 酉월생으로 정인격 용신이다. 신유술방합(申酉戌方合)을 하고 巳酉합(合)이 되어 금다수탁(金多水濁)되고 시지의 술중정화(戌中丁火)가 월상에 투간하여 일간과 합을 하였다. 丁火는 金을 극하여 용신을 방해는 기신이다. 편관이 자식인데 술토관성(戌土官星)은 공망을 맞았다.

戌과 申은 격각살이 되고 戌土官星은 金氣가 태왕하여 설기가 심하게 되었다. 월상의 丁火는 丁壬으로 합

을 하고 巳火는 巳酉 합을 하여 재성은 모두 관성에
도움이 되지 않고 있다.

관성이 너무 무력해져서 셋째로 태어난 아들은 뇌성
마비가 되어 있고, 정황으로 인성이 혼잡하여 태왕하
여 모친이 많다. 그래서 부친은 작첩을 많이 하였으나
일찍 사별하고 이별을 하였다. 처(妻)는 두 딸을 낳고
셋째가 임신했을 때 모친은 인성 태왕의 극성으로 처
를 구박으로 실신까지 시키고 자살기도까지 하였다.
52세 壬申년에 모친이 사망하고 부부금실이 좋아졌다
고 한다.

사주를 감정할 때는 먼저 일간의 강약을 살피고, 용
신의 성격(成格)과 파격(破格)의 여부로 부귀빈천을
가려 본다.

천간의 물상인 진신과 흉신으로 천간들이 쓸 것인지
못 쓸것인지 살피고, 주변에 신살(神殺)을 무시하지
말고, 음양의 균형과 오행의 생극제화(生.剋.制.化)가
사주의 생명이다.

천간지지와 특히 지장간을 잘 살펴서 음과 양, 오행
의 균형과 조화를 볼 수 있는 안목이 열려야 한다. 신
살은 양념으로 조금씩 가미해서 쓰는 것이지 지나치
게 의존하면 안된다.

壬 辛 乙 壬 곤명
辰 亥 巳 寅

53 43 33 23 13 3
己 庚 辛 壬 癸 甲
亥 子 丑 寅 卯 辰

辛일 巳월 정관격이다. 지장간에 투간이 없으므로 월지의 巳火 정관이 용신이다. 정관은 4길신이므로 재성과 인성을 희신으로 쓰는 성격이 되고, 식상과 관살혼잡은 파격이 된다.

이 명조는 辛金 일주가 인성은 없이 식재관이 왕하여 일주가 태약하다. 정관격이 寅巳刑을 하고 巳亥相沖을 하여 파격이 되었다. 재다신약(財多身弱)으로 인성과 비겁은 지장간에 암장이 되어 격이 낮아 그릇이 작다.

월상乙木은 부친이고 寅中甲木은 숙부(叔父)인데 인사지세지형(寅巳持勢之刑)으로 숙부는 과격하고, 乙木부친과 숙부는 간접으로 충돌이 심하여 불화하는 것이고, 巳中丙火는 남편이고 亥中壬水는 자식인데 巳亥相沖을 하여 자식이 있으면 남편을 충극(沖剋)하게 된다.

동방의 木運에는 정관의 용신은 생을 받으므로 직업상으로는 좋겠지만 일간은 金氣라서 金의 절지(絕地)가 되므로 모든 일들은 쉽지 않고 힘들게 극복해서 이루어진다.

　癸卯대운 19세 庚申년에 금전관계로 숙부가 부친과 남편을 살해를 하였는데 남편만 죽었다.

　庚申년 세운에 인사신삼형(寅巳申三刑)이 되고, 일지와 월지 정관의 巳亥沖으로 남편은 죽은 것이다. 월지의 정관격이 재성으로 寅巳刑의 파격이 된 연고로 재물이 화근이 된 것이다.

　사주에서 용신과의 좋고 나쁜 관계가 되는 육신들의 영향이 반드시 있으니 그대로 적용해서 통변을 하면 신묘하고 신통함을 알게 될 것이다.

辛 乙 壬 己 곤명
巳 酉 申 卯

58 48 38 28 18 8
戊 丁 丙 乙 甲 癸
寅 丑 子 亥 戌 酉

乙일 申월 생으로 정관격이다. 월령의 지장간에서

정관, 정인, 정재가 모두 투간한 용신으로 변격이 된 겸격의 명조이다.

이 명조는 乙木이 申월 금왕절(金旺節)에 태어나 실령(失令)하고 酉金 辛金이 時上에 투간하여 관살혼잡이 되고, 巳酉합국을 이루고 乙辛 相剋을 하여 흉조가 되었다.

申中壬水가 月上에 투간하여 관인상생(官印相生)하는데 乙辛沖을 해산시키지 못했으며, 卯申이 암합(暗合)을 하고 인성과 비겁과 재성으로 희신(喜神)을 쓰므로 부모와 형제덕과 재산복은 있었다.

남편덕은 정관격이 관살혼잡으로 없다. 정인과 정관이 한 기둥에 있고 관인상생이 되어 모친의 도움으로 혼인을 하고 월지의 부모궁에서 정관이 인성 동주하여 혼인이후에 친정에서 부모와 같이 살았으며 巳中 丙火가 일지와 합국하고 巳申合水하여서인지 병자생의 남편을 만났다. 관살이 혼잡 태왕하여 주위에 남자는 많아도 무섭게 보여서 부담을 느끼고 강압으로 혼인을 하였다고 한다.

卯申으로 암합(暗合)하여 오빠는 선생이었으나 퇴직하고 남편과 섬유사업을 동업하다가 부도가 나고 모친도 사망하여 친정을 떠나 살고 있다. 비견 정관이 卯申 원진살이 되는 연고라, 오빠가 남편 문제로 사망하였다고 다른 형제들은 남편을 원망하며 살아가고 있다.

관살이 혼잡다봉(混雜多逢)하여 남편은 이복형제가 있으며 시집형제로 인하여 고달프고 남편에게 억압당하며 사는 것이다.

남편은 巳申合水를 하여 유선방송사업을 하고 卯申이 암합(暗合)을 하여 섬유 사업을 하였으며 申金 정관은 신기(神器)이고 정인과 동주하여 연구 직업이고, 酉金은 사종(寺種)에 해당하므로 동양철학을 연구하여 직업인이 되었다.

丙子대운 42세 庚申, 辛酉년은 남편이 관재수를 겪으며 남편 때문에 불길한 것은 관살기신이 관살운을 만났기 때문이다.

丁丑대운은 丁壬이 합하여서 인성인 희신이 기반(羈絆)되고 丑土는 관성의 묘지(墓地)로써 흉조인데 다행이 관성은 통근되어 무사했다. 52세 庚午 辛未년에 목구멍에 병이 생겨 고생을 하였다.

戊寅대운 62세 庚辰년은 남편이 뇌출혈로 크게 고생하였다. 관살이 기신(忌神)이므로 자부(子婦)와는 분가해서 살면 좋겠다.

乙 甲 辛 壬 72년. 건명
丑 子 亥 子

52 42 32 22 12 2
丁 丙 乙 甲 癸 壬
巳 辰 卯 寅 丑 子

甲일이 亥월의 편인격이다. 亥월이나 子월, 丑월등 겨울나무에는 정관이 있어도 귀(貴)하지 못하다.

이 명조는 亥子丑 북방의 水에다 일간이 木기운이니, 수다목부(水多木浮)의 물에 떠내려가는 겨울나무가 되고, 정관은 수다금침(水多金沈)가 되고, 재성은 수다토붕(水多土崩)이 되고 식상은 수다화식(水多火熄)이 되었으며, 한 겨울에 태양까지 없어 온 천지가 빙하가 되어 쓸모가 없는 팔자가 되었다.

잔머리는 비상하지만 뚜렷한 재능도 없고 직업도 없고 결혼도 못하고 있다고 한다. 乙卯대운 丙戌년 甲午월에 미국으로 돈 벌기 위하여 떠났다고 한다.

庚 乙 乙 己 59년. 곤명
辰 巳 亥 亥

56 46 36 26 16 6
辛 庚 己 戊 丁 丙
巳 辰 卯 寅 丑 子

乙木이 亥월에 정인격이다. 지장간의 亥중에 戊土 대신 己土가 투간하여 있으니, 인격(印格)이 재격(財格)으로 변격이 된 경우다.

이렇게 인격(印格)이 재격(財格)으로 변격이 된 경우에는 월령 즉 용신이라고는 하나 천간으로 인성(印星)이 다시 투간하게 되면, 재성(財星)에 의하여 용신인 인성(印星)이 극을 받게 되니 용신이 서로 극(剋)을 하여 무정(無情)하게 되었다.

용신이 乙木 재성(財星)인데 월간에 비견이 己土 용신인 재(財)를 제거하는 병(病)이 되는데, 이 병을 다시 시간의 정관인 庚金이 합거(合去) 시켜서 제거하고 있다. 이렇게 되면 병(病)이 제거되니 좋기는 하나 가장 소중한 정관을 합거(合去) 시키고, 용신인 재성(財星)을 살린 꼴이 되니 오히려 격이 떨어진 경우가 된다.

월간에 비견 乙木이 투간하여 년간의 용신인 己土를 극(剋)하다가 시간의 정관인 庚金에 의하여 합거가 된 사주이니 병도 있고 약도 있으나, 가장 귀한 것을 내주고 차선의 것을 취한 경우가 되고, 정관을 귀(貴)함에 비유하고 재성을 부(富)라 한다.

년, 월지 인성 亥水가 일지 상관인 巳火를 상충하고 있으니 배우자와도 연이 없으며, 亥水와 辰土가 원진살의 관계라 자식과도 연이 박한 사주라고 할 수 있는데, 亥水와 巳火는 지살과 역마의 상충이라 한 곳에 머물지 못하고 조상과 부모, 가정을 떠나서 살아가는 팔자이다. 정축대운 임술년에 무속인 되어 산천마다 명산을 찾아 기도 다니며 살아가고 있다.

癸 丙 壬 丁 77년. 건명
巳 申 寅 巳

51 41 31 21 11 1
丙 丁 戊 己 庚 辛
申 酉 戌 亥 子 丑

丙火 일간이 寅月의 편인격이다. 겁재가 丁火가 투간하여 월간의 편관 칠살인 壬水와 丁壬 합(合)을 하고 시간에 정관인 癸水를 남겨 놓았으니, 인격(印格)에 합살유관(合殺留官) 된 사주라 인격(印格)이 성격(成格)이 된 사주이다.

편관 칠살이 겁재와 합을 하는 것뿐만 아니라 지지가 寅巳申 삼형살이 되어 관의 명예와 직위를 사용하되 결정을 짓는 일이나 남을 구속 또는 끊어내고 잘라낼 수 있어, 군 검 경 의료 계통에서 탁월한 능력을 발휘 할 수 가 있다.

```
庚 丁 丙 丁   57년. 곤명
戌 卯 午 酉
```

```
54 44 34 24 14  4
壬 辛 庚 己 戊 丁
子 亥 戌 酉 申 未
```

丁火가 午月 건록격이다. 건록격이 월간에서 겁재를 하나 더 보고 시간에서 庚金의 재성(財星)을 보았으니, 월건록이 패(敗)가 난 즉 월건록이 파격(破格)이 된 사주이다.

이렇게 비겁에 의해서 재성(財星)이 극(剋)을 받게 되면, 정관을 만나서 비겁을 극하던지, 아니면 식상을 만나서 통관을 시켜주어야 길한데, 이 명조는 다행히도 운에서 용신인 식신과 재성(財星)을 지지로 얻어 맞고 있는 재성(財星)의 뿌리가 되어주는 서방 金 운을 만나고 있다.

특히, 대운의 방이 북방으로 흐르는 亥子丑水 운이 더 반가우니 사주보다는 운이 백배 더 좋은 경우이다.

관성(官星)이 없는 여자가 초년운부터 운에서 식상이 들면 호기심에 결혼을 일찍하는 경우가 많고, 인성운(印星運)은 남편 될 사람의 마음이 인성이라서 인성(印星)운에 결혼하는 경우도 많다.

또 관성(官星)이 없으면서 중년 이후의 운이 좋은 여인의 경우에 아무래도 결혼을 일찍 시키는 것이 유리하다. 그 이유는 본시 남자와 인연이 없는 팔자라 정상적으로 결혼하기가 어렵기 때문이다.

사주에 水 기운이 없는 사람은 혈액과 관련되어 늘 머리리가 아프고, 빈혈이나 혈압 당뇨 등으로 고생을 하는 경우가 많다. 귀신 병처럼 원인 모르게 시달리는 경우가 많은데 이 사람도 신들렸다고 한다.

己 己 壬 甲 84년. 곤명
巳 丑 申 子

55 45 35 25 15 5
丙 丁 戊 己 庚 辛
寅 卯 辰 巳 午 未

己土가 申월 상관격이다. 상관격이 지장간의 壬水가 투간하여 재격으로 변격이 되고 다시 년간에서 정관 甲木을 보았으니 상관격이 상관생재(傷官生財)로 성격(成格)이 된 사주 인데, 시간에서 비견 己土를 보아 비견 己土가 용신인 壬水를 土剋水로 제어하면서 정관 甲木을 합거하니, 재물의 손상과 함께 명예와 남자를 앗아가니 인덕이 없는 사주에 해당한다.

유통이 잘 된 사주는 미인들이 많지만 특히 상관격에 미인이 많이 보게 된다. 대운 천간에 정기인 상관 庚金이 투간하는 庚午대운은 처음은 상관이나 갈수록 인성의 기운을 받아 공부를 할 때 집중력에서 큰 차이를 보인다.

戊 甲 戊 庚 80년. 곤명
辰 子 寅 申

55 45 35 25 15 5
壬 癸 甲 乙 丙 丁
申 酉 戌 亥 子 丑

甲木이 寅월 건록격이다. 월건록에 지장간의 戊토가 투간하니 재성이 용신이다. 월간과 시간에 재성이 투간하고 월령에 12운성으로 장생(長生)하니 용신이 왕(旺)한 팔자가 되는데, 애석하게도 용신인 재성을 보좌하는 식상이 없고, 재성을 지켜주는 정관이 없으며 대신 편관 칠살을 보았기에 월건록이 재격이 패(敗)가 나고 말았다.

이렇게 천간으로 칠살을 보게 되면 우선 칠살을 먼저 다루어 주어야 하는데, 용신이 재성이다 보니 칠살을 극하면서 용신인 재성을 보좌해주는 식상운이 가장 좋은 운이 되겠고, 차선으로는 칠살을 합거(合去)하는 겁재의 운이 되겠는데, 겁재는 가장 큰 문제가 되는 칠살을 합거하기는 하나 이 역시 흉신이기에 재성의 패(敗)도 걱정을 해야만 한다.

13세 어려서 丁丑대운 壬申년에 용신이자 희신인 대운의 丁火 상관을 세운 壬水가 합을 하였다. 사주의 년과 월의 지지로는 寅木 즉 부모 형제 궁에 寅申상충을 하고 있는 중에 다시 세운의 지지 申金이 월지인 비견 寅목을 재차 충(沖)하면서 들어오니 언니가 자살을 하였다.

병자대운 역시 천간의 병화 식신은 용신이자 희신 역할을 하지만 지지의 자수는 12운성으로 일간의 욕(浴)지에 해당된다.

이런 중에 세운으로 22세 임오년을 만나면 대운과

세운이 서로 천극지충을 하니 대패가 일어났다.

임오년 7월초에 꿈에 한복 입은 여인이 표정 없이 쳐다보는 꿈을 꾸고서 교통사고를 당하여 입원 생활을 많이 하였다.

늘 가위 눌리고 악몽에 시달리고 있는데, 명조에 火가 없고 재생살(財生殺)이 되어 관살이 태왕하면 신(神)기운이 있다.

辛 壬 壬 壬 82년. 곤명
丑 午 寅 戌

57 47 37 27 17 7
丙 丁 戊 己 庚 辛
申 酉 戌 亥 子 丑

壬水가 寅월 식신격이다. 월령 지장간이 천간에 투간하지 않았다. 그래서 월지의 寅木 그 자체가 용신이 된다.

식신이 寅午戌 삼합이 되어 火局의 기운으로 변하고 있으니, 식신격이 재격으로 변한 식신화재(食神化財)의 사주가 되어 식신격이 자체로 성격이 된 경우다. 하지만 이 명조는 천간에 인성과 비겁만이 투간하여 있기 때문에 만약 대운 천간이나 세운 천간으로 용신인 재성인 화가 투간하게 되면 임수 비견에 의해서 얻어맞던지, 시간의 辛금 인성에 합거(合去) 될 수가 있어 천간에 투간해도 안 되는 묘한 상황에 놓여 있다.

변격으로 용신이 된 재성(財星)이 천간에 투간해도 안 되는 묘한 상황의 명조인데, 약한 일간의 뿌리가 되어 좋기는 하나 삼합으로 火局을 이룬 재성(財星)을 극(剋)하고 들어오는 대운 亥子丑 북방운은 지지에서 水기 운과 火 기운의 충돌을 야기 시킬 수 가 있다.

일간이 뿌리(根)가 어렵게 지지의 어느 한곳에만 근(根)을 내린 명조에서는 대운이나 세운으로 뿌리를 상충(相沖)할 때마다 신상(身上)에 문제를 야기 시키는데, 庚子대운 중 癸未년은 천간으로는 겁재를 만나고, 지지로는 일간 壬水의 뿌리가 되는 丑土를 충(沖)하여 들어오니 큰 문제가 크다. 용신이나 희. 기신을 떠나서 일간의 뿌리(根)를 상충하는 해는 크게 흉하다.

癸 乙 庚 辛 81년. 건명
未 亥 寅 酉

	57	47	37	27	17	7
	甲	乙	丙	丁	戊	己
	申	酉	戌	亥	子	丑

乙木이 寅월에 월겁재격이다. 월겁재에 천간으로 편관 칠살과 정관이 투간하니 관살혼잡(官殺混雜)이 된 명조다. 관살이 모두 년지에 통근하고 있는데, 칠살은 록(祿)으로 통근하고 정관은 왕(旺)지를 얻었으므로 조상 덕이 없는 사주가 된다.

이렇게 관살이 천간에 투간하고 뿌리가 튼튼하면 그 패(敗) 또한 적지 않는데, 이럴 경우에는 월령중에서 丙火나 丁火 즉 식상이 투간하든지 대운에서 만나는 것이 좋다. 그러나 위 명조와 같이 시간에서 인성을 보게 되면 대운이나 세운 천간으로 식상을 만나더라도 인성 때문에 관살혼잡의 패(敗)를 적절하게 소통시킬 수가 없는 단점이 있게 된다.

월겁재나 양인격에 인성이 있게 되면 형제가 많다. 비겁은 형제가 되고 인성은 부모가 된다.

월겁재라 하더라도 위 명조와 같이 사주 내에 식상이 없으면서 관살이 함께 투간하고 편인까지 있으면, 식상이 발붙일 곳도 없기에 식상의 기운이 나타내는 융통성이라고는 찾아 볼 수가 없고 아예 고집불통이 될 수가 있다.

기축대운 戊者년 고 3때 대운과 세운으로 모두 재성 (財星)을 만나게 되었다. 세운 丑土가 대운 子水인 인성(印星)을 합을 하니, 여자문제로 학업이 일시 중단되었다.

庚 戊 己 庚 80. 건명
申 戌 丑 申

54 44 34 24 14 4
乙 甲 癸 壬 辛 庚
未 午 巳 辰 卯 寅

戊土가 丑월 월겁재격이다. 지장간의 辛金대신 庚 金이 년간과 시간으로 투간하였으며 월, 일지가 형살을 이루고 있다.

월겁재라 고집과 욕심은 많으나 식신이 있어 정이 많고, 丑戌刑殺이라 특별한 재주로 재물과 인기를 끌 수도 있는 사주다.

식신이 너무 많으니 상관과 같은 성향을 드러내기도 하고 호기심이 발동하여 큰 문제를 야기시키기도 하기 때문에 나이 들어서는 투기나 도박으로 인하여 패가망신하는 경우가 있다. 식신이 용신이라 재운과 편관 칠살운이 좋다.

이 명조는 재성(財星)이 없는데 辛卯대운에서 세운의 乙亥 丙子 丁丑년 지지로 재성(財星)이 들어왔다. 정축년 고 2학때 강간죄로 감옥에 갔는데 丙子년에 대운 천간의 辛金 재성(財星)과 세운의 丙火 편인 문서가 丙辛 합을 하였다.

지지로는 子申과 合으로 水局의 재(財)를 이루고, 子수 재(財)와 丑土 겁재와 합을 하며 대운의 卯와 세운 子와 子卯형을 이루었다. 그리고 丁丑년에는 세운과 일지와 丑戌의 刑殺이 되어 관재수가 된다.

2. 來訪사주 보는 법

운세 보는 법과 같은 방법으로 습득하면 된다. 의뢰인은 대부분 희망적인 답변과 지금 상황에 대하여 솔직하고 정확하게 잘못된 부분의 지적과 칭찬과 위로를 듣기 원한다. 그래서 문제점에 대한 대처 방안을 반드시 이야기해 줄 필요가 있다. 이때에 사주에 대한 장황한 설명보다 지금 운세에서 벌어지고 있는 상황에 대하여 간단명료하면서 확실한 통변이 필요할 때가 있다.

사주 본명에 해당되는 절기의 간지를 갖다 붙이고, 육친으로 구분해본다. 이때 용신과 상신이 가장 중요하다. 길흉은 세운의 간지에 대조하여 결론을 내야 한다. 천간은 천간끼리 지지는 지지끼리, 극.충.형.회.합이 중요하다.

己 丁 辛 丙 건명 76년생
酉 巳 卯 辰 (9).
내방: 을미 대운. 갑오년 신미월

대운과 세운이 비겁으로 치달으면 여자와 인연이 없고, 돈도 모이질 않는데 지금 어떤 일을 해야 돈을 모을 수 있는지 궁금하고, 印이 형성하므로 공부도 하고 싶고 교수가 되고 싶어서 찾은 것이다.

丁火 일간인데 월령의 편인이 용신이다. 甲午년 辛未월은 지지는 식신이고 천간은 財이다. 지지의 식신 未土가 월지의 卯木과 卯未 合을 하고, 천간이 辛금 財이므로 하고 싶은 일을 해서 많은 돈을 벌고 싶은 욕구가 생긴 것이다. 그리고 월지가 편인인데 식신이 合을 하여 印의 局을 형성하므로 공부를 하고자 욕구도 발생하였다.

戊 丁 壬 辛 81년 여자
申 卯 辰 酉 (5).
내방: 병신대운. 갑오년 신미월

올해 애기도 낳고, 어른들이 키워주고, 자신은 직장인데 남편은 무직이라 직장 구하기를 원하며, 집을 내놨는데 팔리질 않아서 남편과 합치질 못하고 있어 찾아온 것이다.

丁火 일간이 절운에서 식신과 財를 만났으니, 하고 싶은 것 맘 편하게 돈을 벌고 싶은 시기다. 그런데 未土가 일간 卯木과 合을 하는 시점이라 결혼하거나 원하는 집을 구하기가 상관과 비겁으로 흐르는 것이 좋지 않고 식상 역시 좋지 않다. 사주 원국에 傷官見官은 근본적인 문제꺼리다.

丁 癸 甲 己 79년 여자
巳 亥 戌 未 (5).
내방:정축대운. 갑오년 신미월

양친이 모두 일찍 돌아가시고 일찍부터 직장 생활하고 있다. 혼인신고를 했던 남자는 돈 문제로 빚을 떠안고 이별하고 지금은 연하 남자와 사귀고 있는데 정이 좋아 오래 사귀고 싶다고 한다.

절운이 辛未월이면 癸水 일간이 지지로는 칠살을 천간으로는 印을 만나는 시기인데, 칠살이 일지와 合을 하는 시기라 외간 남자라서 상사는 부담스러운 남자가 될 수 있다.

또한 대운이 35세 36세에 바뀌게 되고, 戌월생이라 乙未년 庚辰월까지는 丁丑대운을 벗어날 수가 없다. 그러므로 월지가 정관인데, 官殺混雜에 丑戌未 三刑殺을 넘기지 못하고 있는 시기다. 세운 천간의 상관 甲木은 시간의 丁火를 생하므로 좋다.

壬 丁 丙 丙 56년생 심리학전공. 여 교사
寅 未 申 申 (5).
내방＝ 임진년 기유월

위 명조는 자녀가 방황하고 학생들로 인해 자신에게 불똥 튈지 상담 의뢰하였다. 사주 일간 丁화로 보면 인진년의 절기(節氣)인 월운지지가 酉금 편재며 천간 근토는 식신이다. 지지 酉금은 문제가 없으나 천간 근토는 세운 천간의 壬수를 제극하여 문제가 된다.

丁 丙 乙 戊 곤명 68년생
酉 申 卯 申 (7).
印格의 통변실례. 학원폐업.
내방=壬辰년 辛亥월

　위 명조는 월간의 정인이 용신이고, 식신은 희신이
며, 겁재는 좋지 않다. 戊子년 학원 운영시작하였으나
학생들의 말썽으로 壬辰년 그만두었다.

　일찍이 오빠 세상 뜨고, 부친 25세 壬申년에 모친은
43세 庚寅년에 세상을 뜨고, 30세 丁丑년에 결혼하고
유산하고 결혼 1년 만에 이혼했다.

　2012년 壬辰년 12월에서 癸巳년 3월까지 남자와 좋
은 학원자리 들어가게 된다. 절대로 욕심내지 말고 크
게 하지마라 당부하였다.

　손님이 찾아온 내방 사주에서 가장 중요한 것은 '세
운의 월지와 월간'임을 기억하라. 정확하게는 절운의
지지와 천간이 된다. 여기에서 지지는 묵직하게 밖으
로 드러나지 않고, 천간은 가벼이 밖으로 드러난다.
그러므로 지지는 결정이나 결론에 해당되고, 월간은
배경이나 그러한 사건이 벌어지게 되는 요소요 환경
을 나타나게 한다.

　본명 사주에 절운 辛亥를 대입해 보면 지지 亥수는

월지와 해묘합을 하는데, 亥수 칠살인 난제가 월지 사회인 직업 궁과 합하므로 조금 힘들도 어려운 문제를 안게 된다. 천간의 辛금 財는 病이 되므로 재물로 인한 문제가 있음을 알 수 있다. 최종적으로 절운 신해와 세운 임진과 대조하여 성패를 가린 다음 최종운세를 결정하면 되는 것이다.

사주를 분석해보면 丙화가 卯월에 正印격이다. 용신이 印이면 관살을 보면 제일 좋다. 차선으로 비겁이며 식상도 좋으며 財는 병이 된다. 본명은 인수가 관살이 없고, 대신 겁재와 식신이다.

印은 가르치는 것이고, 식신은 학문을 함으로써 겁재의 주위 덕을 본다. 하지만 치명적인 약점이 있다. 그것은 용신인 印의 뿌리가 되는 월지가 다른 지지들 즉, 財들의 극을 받고 있다. 이렇게 되면 부모와 인연이 없고, 학문과도 인연이 없다. 그래서 이 문제를 해결하려면 남방 운은 財를 제거하고 북방 운은 財를 통관하여 인을 생하게 된다.

대운을 보면 초년, 청년기는 문제가 없겠으나 중년 이후는 큰 문제가 난다.

계축대운에 지지인 丑은 왕 한 金기운의 庫支이므로 父親쪽이 탈이 난다. 용신인 印은 천간에서 癸수를 만나 명예를 얻는다. 그러나 癸수가 戊토와 戊癸합을 하여 크게 명성은 얻지 못하고 단지 식신인 재능과 합하여 수그러지고 말았다.

임자대운은 子수와 합을 하므로 결혼을 짐작한다. 하지만 용신인 인의 뿌리 卯목과 子卯형을 하여 남자로 인한 문제가 발생한다. 그리고 천간의 壬수 칠살은 용신을 生하여 명예가 생기겠으나 시간의 겁재인 丁과 합이 되므로 타인에게 功이 넘어간다.

=신해대운은 지지에서 편관인 殺을 만나게 된다. 이 역시 財를 통관하여 용신인 印을 생해주기 때문에 좋다. 하지만 흉신으로부터 생을 받을 때는 그만한 댓가를 지불해야 하고, 칠살의 난제를 안고 들어온다는 뜻이다. 시간에 丁화가 있다지만 대운의 천간의 신금은 용신을 극하는 병이 된다. 이 명조는 이때부터 불행이 시작 된다.

3. 운세 볼 때 응용한다.

사주 팔자는 조직이요 대운 세운은 운행이다.

사주는 자전이고 운행은 공전으로 자전 공전이 돌고 돈다.

비겁운볼 때

=相生: **印泄**(능력보장. 확장): **食傷泄**(吉)

相剋: **爭財**(남의영역탈취.내것뺏김): **財生官**(吉)

比肩운: **六親無德 去舊生新**. 신규. 변동. 동료문제
<small>육 친 무 덕 거 구 생 신</small>

劫財운: **貴人隱山 損財泰山**. 손재사기. 부도. 이별
<small>귀 인 은 산 손 재 태 산</small>

비견.겁재.상관년에 문서계약 약속하는 일은 실패
한다.

사주가 비겁으로 태왕하고 재성이 약할 때 재성운에
서 망한다.

사주가 비겁으로 태왕하고 재성이 약할 때 비겁운에
서 망한다.

양인격은 상관운이 제일이요, 겁재운에서 克妻 克婦
한다.

식상운볼 때

=相生: 生財(성과얻음). 比劫生-(귀인.협조받음)

相剋: 官(권위상실). 印星-倒食(가치상실)

　　　　　-佩印(가치상승)

食神운: *花落結實 百事大吉*. 경사. 연회. 식구증가

傷官운: *虎送身命 落花空房*. 망신. 사건사고. 이별

길신인 식신.정재.정관.정인이 투출되고 운에서 극당하면 흉하다

기신인 진상관격은 인성운에서 대발하고 관성운에서 패망한다.

희신인 가상관격은 인성운에서 패망하고 식상운에서 대발한다.

식상이 왕하여 재성을 生할 때 상관운이 오면 대 발복한다.

상관용印은 재성운에 대패한다.

상관용劫은 관살운에서 대패한다.

상관용財는 비겁운에서 대패한다.

여명에 식상이 태왕한데 상관운에서 과부된다.

여명에 식상태왕 극신약한데 식상운에 胞胎와 자녀

재액이다.

여명에 인.비 태왕할 때 인.비운은 낭군 뺏겨 九曲斷
腸 메아리라.

재성운볼 때

=相生: 食傷(영역확장): 財生官(경영권得.직위상승)

相剋: 爭財(경영권상실):財剋印(하극상당함.주권상실)

偏財운: 轉禍爲福 治山治財. 이성수신. 사업. 투자
(전화위복 치산치재)

正財운: 積小成大 身高名利. 재수대통. 확장. 귀인
(적소성대 신고명리)

사주가 財多 신약일 때 인성과 비겁운에 대발하게
된다.

사주가 재다 신약일 때 재성운이 또 오면 파가 망신
한다.

사주의 재성이 太弱할 때 식상과 재성운에 대부가
된다.

사주에서 재성이 약할 때

사주가 신왕하고 재성이 약할 때 식상과 재성운에
대발한다.

사주가 재관이 왕할 때에 재관운에서 관재소송과 신액을 당한다

사주 재왕하고 인성이 약할 때 인수운에서 문서거래 재앙이 있다.

관성운 볼 때

=相生: 官印(새임무를 얻음): 財生官(직위 급부상)

相剋: 劫財(책임자되나 권위상실): 食傷(관식투쟁)

偏官(殺)운: **猛虎生角 進退兩難**. <u>병고.관재.이성사고</u>

正官운: **飛龍在天 神劍斬死**. <u>관운. 귀인. 목적달성</u>

신왕사주가 관살이 약하면 재. 관살운에 대발한다.

신왕사주가 관이 쇠약할 때 상관운에서 관직 박탈을 당한다.

신약사주가 관살이 왕하면 관살운에 빈곤 잔질 면치 못한다.

신약사주가 관살이 왕할 때 인성운이 좋고 재.관살운이 대흉하다.

관살이 약한 사주가 재.살운이 오면 盡法無民이라

관직 박탈이다.

여명사주에 관왕 투출되었으면 관살운에 부부 이별
한다.

인성운 올 때

=相生: 官印

相剋: 食傷　　官泄-(위기봉착)

偏印운: *幼木難長 靑山之友*. _{유 목 반 장　청 산 지 우} 문서차질. 빚. 질병

正印운: *英雄得時 賣金賣物*. _{영 웅 득 시　매 금 매 물} 부동산. 문서학문. 공명

사주에 인성이 왕할 때 관살운이 제일이다.

사주에 인성이 약할 때 재운이 오면 貪財壞印이라
대패한다.

인성이 대운에서 사.묘.절.양일 때 다시 재운을 만나
면 사망한다.

인성격이 재성운이 오면 뇌물죄에 걸린다.

인성태왕하고 식상이 약한 여명이 인성운을 만나면
자녀 액운이다.

괴강격 사주는 형충운을 가장 꺼린다.

신수(身數) = 신수를 볼 때, 일반적으로 내용들을 살펴보면 대운은 지지의 방이 더 중요하고, 세운은 천간이 중요하다. 그러나 지지의 흐름과 합.충은 사건의 직접적인 결과가 되고, 천간의 흐름은 사건의 배경이나 환경이 됨을 알 수 있다.

예를 들면= 세운에서 지지는 財星이고, 천간은 겁재라면 일단, 년 월 일 시 어디와 合을 하거나 沖하거나 刑하는 지를 먼저 살펴야 한다. 이런 경우 간명과 통변을 하게 될 때 대체로 겁재의 과욕으로 인하여 돈을 잃었다. 그리고 또 다시 돈을 벌기 위함이므로 형제나 동료와 함께 일을 추진하려 한다고 보는 것이다.

세운이 흉신= 상관. 겁재. 칠살이지만 吉神 작용하는 경우 전체적으로는 좋은 운이라고 볼 수 있으나, 凶神이기 때문에 흉신의 값을 지불하고서 사건이 해결되는 것이다.

예를 들면= 월령 즉 용신이 칠살일 때 세운에서 상관을 만나면 殺用傷官 경우, 칠살의 난제를 제거한다.

자신의 꾀로 순간적으로 위기를 극복하는 경우 또는 어려움 속에서 공을 세우는 일이 발생되는 순간, 일이 매끄럽지 않다. 그러나 시끄러운 가운데 해결이 된다.

이 말은= 사주에는 길신과 흉신이 엄연히 존재하고 있으므로 만약 길신의 힘을 빌려서 문제를 해결하려고 한다면 문제가 없겠으나 흉신의 힘을 빌어서 문제를 해결하려고 한다면 그에 따르는 후유증이 발생된다는 것이다. 결과적으로는 좋지만 흉신으로 일을 처리한 만큼 흉신으로 인한 문제도 발생된다는 뜻이다.

신수를 볼 때 주의 사항= 신수라고 사주 간명법과 다르지 않다.

당연히 신수 역시 사주에 있어서 가장 중요한 용신과 상신 및 사주 내에 병이 되는 기신을 알지 못한 상황에서 정확한 사건의 개요와 성패에 대하여 답을 할 수가 없다. 그러므로 일단은 사주를 보면서 용신과 상신 및 기신이 무엇인지를 정확히 인지한 후에 통변에 들어가는 것이다.

대운의 흐름을 정확히 판단하라= 신수는 한해의 운을 보는 것이기 때문에 대운과는 상관이 없는 것으로 아는 경우도 많은데, 절대 그렇지 않다. 세운이 대운과 상관없이 독단적으로 움직이고, 사주에 직접적인 영향을 끼칠 수는 없기 때문이다.

세운은 대운 속에서 움직이는 기운이다. 그렇기 때문에 대운의 영향을 받을 수밖에 없다. 그러므로 대운의 흐름을 보고 큰 틀을 잡은 연후에 세운으로 들어가서 한 해의 총평을 하고, 그런 다음 세운 간지와 대조해서 매월의 절운 간지를 유추하는 것이다.

그리고 매년 年지와 대운관계, 매월의 절운인 月주와 年주와의 관계의 天干과 地支를 충.극.형.합을 하고 그 영향을 보는 것이다.

세운의 흐름을 천간과 지지로 구분해서 판단하라= 세운의 천간만 활용해서 간명을 해서도 안 되고, 세운의 지지만 활용해서 간명을 해서도 안 된다. 대운이든 세운이든 천간과 지지는 함께 움직이는 기운이므로 반드시 함께 간명을 해야 한다.

실 간명에서 내방객을 상대로 비교를 해보면 지지는 실제 상황의 사건 자체이기 때문에 지지의 기운이 오히려 더 크게 작용하고, 천간의 기운은 지지의 사건이나 결과에 대한 보조적인 역할이나 배경과 환경적인 역할을 하게 된다는 것을 명심하라.

절운의 흐름을 정확히 알아야 한다= 신수는 한해의 운을 절기별로 나누어서 보는 행위라 보면 된다. 그렇기 때문에 절운인 매월 흐름을 정확히 알고 있어야 한다. 그래서 절운을 일단 사주 본명과 직접 대조하여 사건인 형.충.회.합의 내용을 확인 한 후에 다시 한해를 총괄하고 있는 세운과 대조하여 吉운이냐 凶운이냐 즉, 성패를 최종적으로 결정한다.

결국 세부적인 문제를 따지자면 절운이 더 큰 비중을 차지한다.

신수는 이 절운에 육신을 붙이고 성패를 찾으면 해답이 나온다. 그러므로 세운에 따르는 절운의 기본적인 변화를 아는 것은 신수의 기본이다. 또한 그해의 세운에 의한 절운의 기본 변화를 알아야 지난 과거의 어떤 년도, 어떤 달에 어떤 일이 발생되었는지를 확인할 수 있게 된다.

이것이 신수를 보는 기본적인 순서다= 절운을 사주 본명과 대조하고, 그런 다음 세운을 대조하여 길흉을 판단한다. 마지막으로 육친을 붙여 통변을 하면 된다.

절운은 세운의 지배를 받고 있으며, 절운의 기운은 본인 당사자에게 있어 가장 직접적으로 와닿는 사건이 된다.

절운이 사주 본명의 어느 부분과 형.충.화.합을 하는 것인지를 살피고, 그에 맞는 육친을 붙인 후에 통변을 세운에 대조하여 가려야 한다. 이렇게 해야 성사될 듯한 일이 틀어지거나 지연되는 이유 등을 알게 된다.

丁 戊 甲 癸 여자
巳 辰 子 巳 ⑵

戊土 일간이 子월인데 천간에 투출한 癸水 정재격이다. 정재격이 월간의 甲木 칠살을 만나 財格逢殺 즉, 財生殺의 敗格이 되었다. 시간의 丁火인 정관은 甲木을 통관시키는 相神이이어서 좋다. 이때 월지 子水와 일지의 辰土가 합하여 水局을 이루어 재물 복이 많은 명조이다.

행운을 보자면 칠살을 剋하면서 財를 생해주는 서방 즉, 金 기운이 가장 좋고, 차선으로 칠살을 통관하여 일간을 생해주는 남방 즉, 火 기운도 좋다. 천간의 기운 역시 칠살을 슴하거나 剋하는 기운이 좋으므로 식상인 재능이나 印의 학문, 그리고 겁재의 주위의 도움인 己土를 만나 칠살 甲木을 合去하여 거둠이 좋다.

대운의 흐름이 동방에서 남방으로 흐르면서 학창시절 대운 천간에서 印을 만나므로 벼슬을 하며 학문을 가르치는 쪽으로 길을 갈 것으로 예상이 된다.

4. 신수법 총평 통변 시례

癸 辛 乙 戊 건명 68년생

巳 卯 丑 申 (6). 경오대운 을미년 해석

辛금이 丑월에 잡기 편인격. 년간에 용신인 戊토 정인이 출고하였으나 월간의 편재 乙목과 시간의 식신 癸수에 의해서 제어되고 있다. 亥.子.丑월의 庚. 辛금은 남방운을 만나야 발복하는데, 다행이 대운의 方이 좋다. 그리고 현재 세운의 方도 남방이라 조후도 되면서 용신을 생하는 운이 와 있다.

초년 동방운은 인이 庚金을 만나 병(病)이 되는 편재 乙목을 合去하는 庚午대운은 더욱 빛이 날 것이다. 말년의 서방운도 역시 病이 되는 財를 극하는 운으로 흐르므로 좋다. 단, 병(病)이 되는 편재가 일지에 根을 두고 있으므로 처덕이 없는 점이 아쉽다.

신수의 총평이다. 庚午대운의 庚금은 病이 되는 월간의 편재 乙목을 合去하므로 좋은 운이다. 특히 대운의 方이 남방인 중에 病이 효과적으로 제거되므로 주위의 덕으로 공을 크게 세우고 직업 이동도 예상이 된다.

세운 乙未년은 천간에서 病을 만나지만 대운과 세운 지지의 方이 남방으로 흐르고 있어 어렵지만 학문에 공을 이루는데 문제가 없겠다. 특히 未토 일지의 卯목과 合을 하므로 어른 덕으로 혼인도 가능한 해이다.

甲 丙 乙 甲 곤명 64년
午 寅 亥 辰 (1)

丙화가 亥월 칠살격. 월지 亥중 甲목이 년간과 시간에 투출하여 칠살이 편인격으로 변격이 된 경우다. 지지는 칠살이 천간은 편인이 각각 용신이다. 지지는 용신이 살이라서 초년 서방운은 패, 중장년의 남방운도 발전이 없었으나 未대운에서 亥未合木으로 발전하였다. 말년에 만나는 동방운은 살을 통관하는 용신운이라 발복을 한다. 천간은 용신이 寅이라 관과 식상이 좋고 정.편인이 혼잡이라 財를 만나더라도 큰 패가 없다.

신수총평이다. 庚午대운 乙未년은 지지의 未土가 월지인 칠살 즉 亥水와 亥未合을 하는 시기이므로 상관즉, 새로운 것으로 印 즉, 문서를 쥐게 되는 시기가 된다. 맞이하는 지지의 운이 상관 흉신이라 처음에는 말썽이 나는 부분도 발생이 되겠으나 칠살 즉, 난제와 합을 하여 오히려 용신을 생하는 기운으로 변하기 때문에 좋은 결과를 낳게 됨을 알 수 있다.

특히 천간의 기운 역시 용신인 印이기 때문에 더욱 좋다. 단, 대운 천간의 庚금에 合去되므로 財로 인한 어려움이 생긴다.

*을미년 무인월 해석이다. 본명의 월지가 칠살인데, 寅목 즉, 편인이 寅亥合을 하므로 좋은 운이다. 이럴 때 특히 절운 천간의 기운이 戊토 즉, 식신이라 더욱 좋다. 풀이를 하자면 지지가 寅목 즉, 印이라 월지 亥수와 합을 하므로 사업장과 관련된 문서가 들어오는데, 천간의 기운이 식신이라서 하고 싶은 것이나 맘 편한대로가 된다. 그러나 세운과 대조를 해보면 지지의 寅목은 상관 未土와 마주하므로 문제가 없으나 절운 천간의 戊土 즉, 식신은 세운 乙목 즉, 印에 의해 방해를 받게 됨을 알 수 있다. 가지려고 하는 문서가 맘대로는 안 된다는 뜻이다.

＊기묘절운 해석이다. 乙未년 己卯월은 지지의 卯목이 본명의 월지 亥수와 세운 지지 未토와 합하여 木局을 이루게 되므로 최고 좋은 운이다. 그리고 천간의 상관 己토는 세운의 乙목에 剋을 받게 되는데, 흉신이기 때문에 문제가 발생되지는 않는다. 오히려 좋을 수가 있다. 내용을 그대로 옮긴다면 卯목 正印이 월지와 합을 하므로 직업과 관련된 문서를 쥐게 되는데, 천간이 상관이라 새로운 문서가 된다.

＊경진절운 해석이다. 乙未년 庚辰월은 지지는 식신 辰토이고 천간은 편재 庚금이다. 지지 식신은 세운 지지 未토가 본명의 월지 칠살과 반합을 하는 중에 만나는 운이므로 나쁠 것이 없지만 천간의 편재 庚금은 용신은 세운 천간의 乙목과 合하므로 문제가 될 수 있다. 물론 본명 천간에 印이 세 개나 있어 큰 문제가 되지 않고, 오히려 乙庚合으로 하나를 묶어주므로 좋을 수도 있다고 볼 수 있지만 탈은 난다.

＊신사절운 해석이다. 乙未년 辛巳월의 지지 사화는 건록이면서 월지 亥수와 沖을 하고, 일지 寅목과는 寅巳 刑을 하는 시기라 나쁜 운이다. 또한 절운 천간의 정재 辛금은 庚금처럼 하나의 財와 합하는 기운이 아

니라 본명과 세운의 천간 印을 모두 제어하므로 패가
크게 난다. 단, 未土가 월지 亥水와 합을 하는 기능이
크므로 직업관련 문제보다는 배우자와의 문제일 수
있는데, 원인은 천간이 재이므로 돈과 재물도 된다.

꼭 기억하라 운에서 본명과 합은 1대1일의 합이지만
충과 극은 모두를 다 충하고 극을 하는 것이다.

*임오절운 해석이다. 乙未년 壬午월은 지지가 겁재이
고 천간은 칠살이다. 이를 그대로 해석하면 겁재는 재
물 손상이 생기는데, 원인은 천간 칠살인 건강으로 인
한 문제가 될 수가 있다. 그렇지 않으면 겁재 양인 누
화가 일지와 합을 하는 시기이므로 배우자로 인하여
생기는 재물 손상이나 어려움이 많은 곳에 투자를 하
는 시기이다.

지지는 칠살이 용신이므로 겁재 양인 누화를 만나
殺格逢刃이 된다. 그리고 천간의 칠살 임수는 印을 생
하므로 오히려 좋은 운이다.

*계미절운의 해석이다. 乙未년 癸未월은 그대로 해석
을 하자면 절운 지지의 상관 즉, 자리를 내놓게 된다.
관 즉, 나의 직책을...이라는 뜻이 된다. 그러나 이 명
조는 지지가 칠살이므로 상관이 합을 하는 시점이 가

장 유리할 수 있다. 그러므로 새로운 자리를 한 가지 얻게 되는 시점으로 해석을 해도 무리가 없다.

물론 월지의 亥수와 세운 지지 未토가 먼저 合을 하게 되면 절운 未토는 본명 시지는 겁재 양인 午화와 合을 해야 하므로 재물을 조금 내놓으면서 동료들 속에서 직함을 하나 갖게 되는 시기이기도 하다.

*갑신절운의 해석이다. 乙未년 甲申월은 절운지지 申금이 편재이면서 일지를 沖하며 刑을 엮는 시기이므로 돈 문제로 말썽을 일으킬 수 있는 시기다. 그러나 다행히 乙未년은 亥未 合의 木局을 이루고, 또한 년지에 辰토 즉, 식신이 있어 申금을 合으로 붙잡고 합으로 官 기운을 변하기도 하므로 凶중에 吉이 있다.

그래서 이 시점이 되면 이사를 하기 위해서 년지의 辰토 즉, 조금 먼 곳에 맘 편하게 살려고 시도를 하는 시점이 된다.

*을유절운의 해석이다. 乙未년 乙酉월은 천간은 용신인 印이지만 지지는 財라 역시 재물로 인한 근심을 하게 된다. 그러나 무조건 나쁘다고만 볼 수 없는 것은 바로 년지에 辰토 즉, 식신이 있으며 또한 대운과 세운이 남방으로 흐르고 있어 대패는 나지 않는다는 것

이다. 甲申월과 연계시켜서 보면 이사나 이동을 하려고 돈을 지불하는 시기로 볼 수도 있다. 지지의 財가 흉하고, 천간에 印이 투출한 시기이기 때문이다.

*병술절운의 해석이다. 乙未년 丙戌월은 식신 戌토가 일지 寅목과 시지 午화와 슴하여 寅午戌 火局을 이루는 시기다. 또한 년지의 辰토와도 沖을 하는 시기이기도 하다. 이때 천간은 비견인 火이다. 이를 종합해 보면 식신 즉, 여행이나 놀기 위해서 여러 사람들과 함께 먼 곳으로 떠나 보는 시기도 된다.

식신이 일지와 슴을 하고 들어올 때는 아래 사람들이 많이 들어오는 시기이거나 여행이나 놀자고 사람들이 모이는 시기이기도 하다.

*정해절운의 해석이다. 乙未년 丁亥월은 지지가 칠살이면서 천간은 겁재 양인이다. 그대로 해석을 하자면 칠살로 인하여 난제나 건강 악화로 재물에 손상이 생기는 시기이다. 그런데 칠살이 일지와 슴하기도 하고, 세운의 지지 未토 상관과도 슴을 하므로 남자 문제로 인하여 말썽과 함께 재물에 손상이 생기는 시기이다.

세운의 지지가 未토이므로 절운 지지의 칠살 亥수는 오히려 좋은 쪽으로 해석이 가능하지만 천간의 양인

겁재 丁화는 좋을 것이 없다.

　***무자절운의 해석이다**. 乙未년 戊子월은 지지가 정관이면서 천간은 식신이다. 세운의 지지가 상관이 未土라 지지의 子水 정관은 오히려 직업적인 어려움으로 해석을 할 수 있다. 상관에 官을 만난다는 시점이라 아랫사람이나 자식으로 인하여 어려움이 발생될 수도 있다. 천간의 식신 戊토가 인에 의해서 제어되는 것은 나쁘다고 볼 수만은 없다.

　***기축절운의 해석이다**. 을미년 기축월은 천간 지지가 모두 상관이다. 칠살격에 상관을 봐도 좋고, 인격에 상관을 봐도 나쁠 것이 없는데, 절운의 지지 축토가 세운의 지지 未土와 丑未沖 하면서 刑을 엮으므로 아랫사람이나 자식 또는 자신의 언행으로 인하여 구설에 오르내릴 수 있는 시점이다. 그런데 세운 지지가 월지와 合을 하는 시점으로 직업적인 것에서 원인을 찾는 것이 옳다. 그러므로 아랫 사람으로 인하여 구설에 오를 수 있음을 짐작할 수 있다.

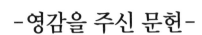

-영감을 주신 문헌-

적천수
연해자평
자평진전
사주첩경
상리철학
궁통보감
계의신결
삼명통회
명리요강
명리약언
사주와 인생
물형상명리학
사주감정비결집
사주학 핵심비결
정통명리천강월
우주의 변화원리
사주풀이의 법수
용신격국론(전정훈)

*저자의 약력
1955년 정읍 태인 출생
속명: 宋월당(창섭)   법호: 松月
1982년 입산출가
종립중앙강원 대교과 졸업
원광대학교 동양학대학원 수료
위빠사나 전문수행
서예–문인화 부문 태고명인 (달마도 전문)
교정의날 법무부장관표창과 국무총리리표창
필리핀 국립이리스트대학교 명예철학박사
　　　　전통사주명리학 전임교수 역임
국립 군산대학교 평생교육원 전담교수
(사)학국국공립대학교 평생교육협의회
　　　　문제출제. 실기평가. 심사위원

사주보는 방법론

초판인쇄　2021년　　8월　　15일
초판발행　2021년　　8월　　25일

지 은 이　송월스님
펴 낸 이　소광호
펴 낸 곳　관음출판사

주　　　소　08730 서울시 관악구 봉천동 1000번지 관악현대상가 지하1층 20호
전　　　화　02) 921-8434, 929-3470
팩　　　스　02) 929-3470
홈페이지　www.gubook.co.kr
E – mail　gubooks@naver.com

등　　　록 1993. 4.8 제1-1504호
ⓒ 관음출판사 1993

정가　35,000원

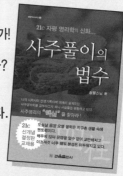